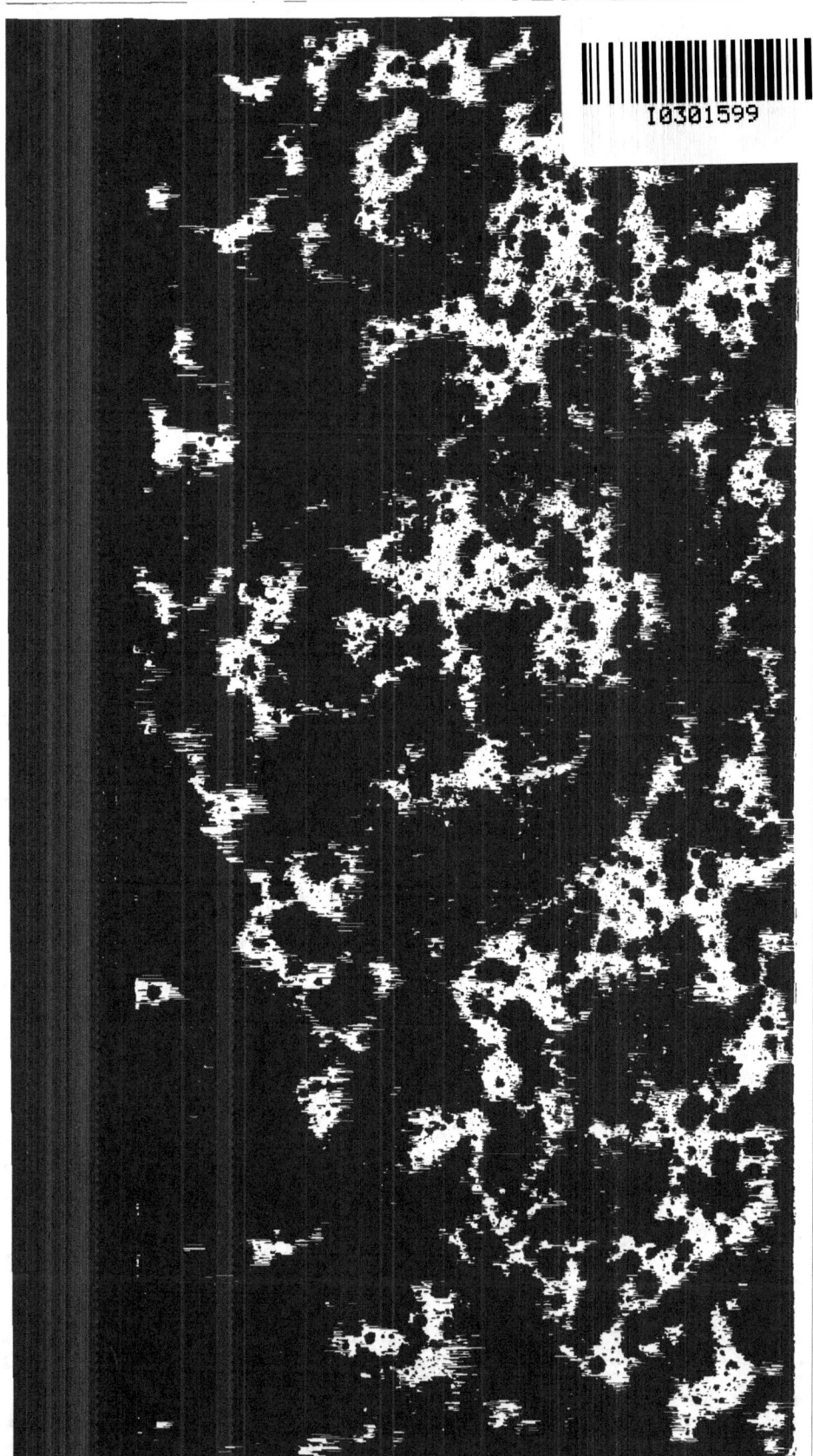

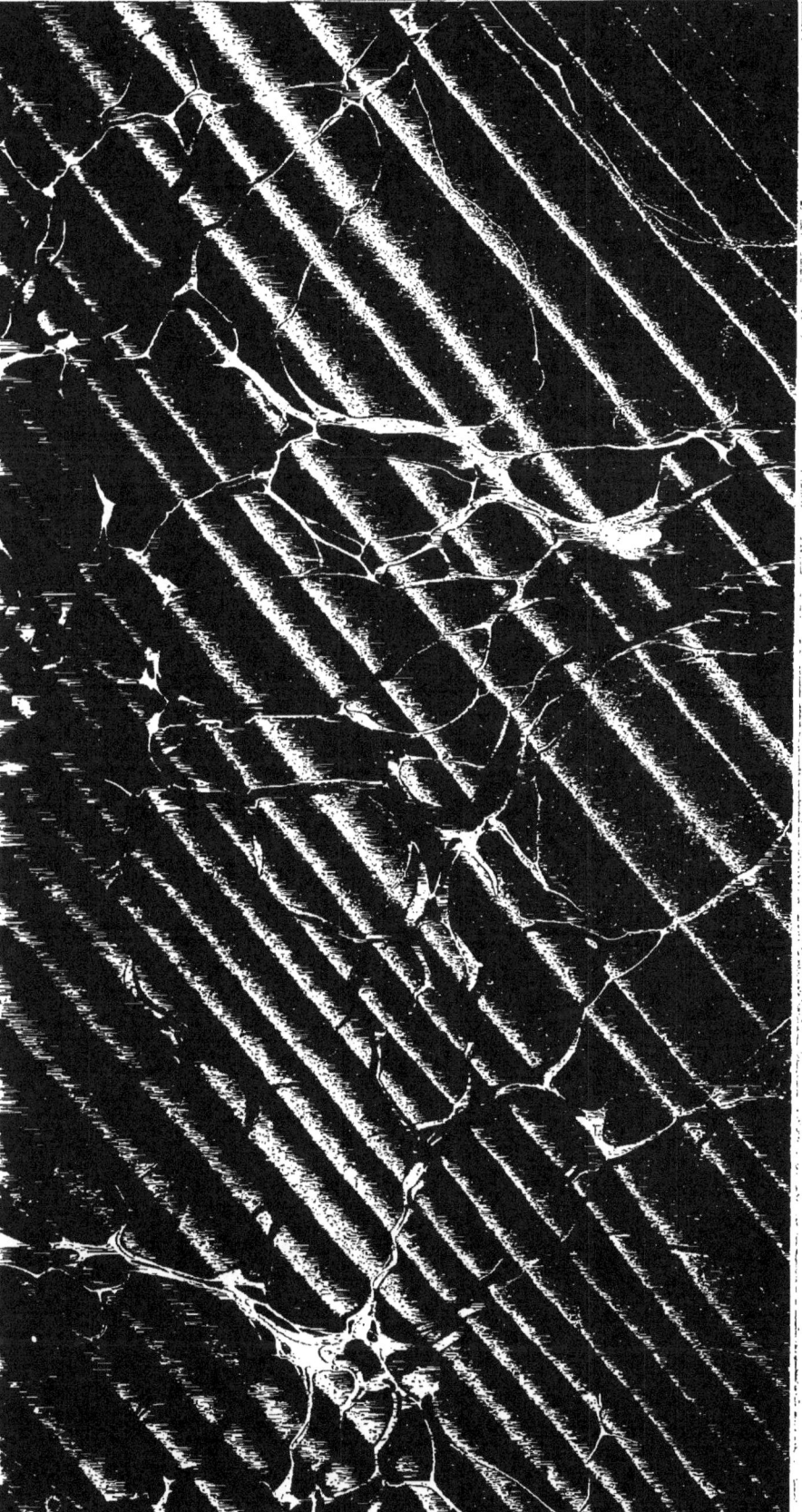

HISTOIRE
DE LA
GUERRE DE LA PÉNINSULE
SOUS NAPOLÉON

PRÉCÉDÉE

D'UN TABLEAU POLITIQUE ET MILITAIRE
DES PUISSANCES BELLIGÉRANTES

*

TOME I.

J. TASTU, IMPRIMEUR ET ÉDITEUR,
RUE DE VAUGIRARD, N. 36.

HISTOIRE

DE

LA GUERRE

DE LA PÉNINSULE

SOUS NAPOLÉON

PRÉCÉDÉE D'UN

TABLEAU POLITIQUE ET MILITAIRE

DES PUISSANCES BELLIGÉRANTES;

PAR

LE GÉNÉRAL FOY.

PUBLIÉS PAR
Mme LA COMTESSE FOY.

.... *Quæque ipse miserrima vidi.*
VIRG.

PARIS

BAUDOUIN FRÈRES, ÉDITEURS,

RUE DE VAUGIRARD, N. 17.

*

1827

En publiant la première partie d'un ouvrage qui est loin d'avoir reçu une rédaction définitive, je crois devoir entrer avec le lecteur dans quelques détails, pour aller au-devant de ce qu'une critique sévère pourrait avoir à y reprendre, et de ce qu'un intérêt plus bienveillant pourrait avoir à y désirer.

Lorsqu'en 1814 mon mari rentra dans la vie privée, il conçut le projet d'écrire l'Histoire de la guerre de la Péninsule, de cette guerre qu'il avait faite durant sept années, et dont les récits, mêlés de considérations politiques, semblaient destinés à commencer pour lui l'apprentissage d'une carrière nouvelle. Il s'en occupa dès-lors avec cette conscience de recherches et cette activité d'esprit qu'il mettait à toute chose. Après avoir réuni de nombreux matériaux recueillis en France et en Angleterre, il se mit à écrire sans interruption ce que je publie aujourd'hui. La première moitié de cet ouvrage a été revue par lui, plus pour changer la marche et la division des matières (comme l'attestent les corrections, toutes de sa main), que pour rechercher une pureté de style dont il ne se serait occupé que plus tard. La seconde moitié n'a été écrite qu'une fois: c'est sa pensée première; c'est, pour ainsi dire, une improvisation. Interrompu dans ce travail en 1817, par le mauvais état de sa santé, il l'a laissé imparfait et ne l'a plus revu depuis.

Tel qu'il est, cependant, je crois devoir le publier, moins dans l'espoir d'augmenter l'héritage de renommée qu'il a laissé à ses enfans, que dans la pensée de restituer à son pays un travail qu'il lui avait consacré; car son pays était l'objet constant de son dévouement et de ses affections, dans les jours de péril comme dans les jours de loisir.

Que cette patrie qui toujours lui fut si chère, me permette de chercher à m'acquitter ainsi d'une faible part de la dette sacrée d'une famille dont son adoption a soutenu et illustré le malheur. Elle a couvert d'une telle gloire le tombeau de mon mari et le nom de ses fils, qu'elle me pardonnera, j'espère, si, comme veuve et comme mère, j'ose, en lui exprimant ma reconnaissance, sortir pour un moment de la solitude où mon deuil m'a placée.

L. Ctesse FOY.

AVANT-PROPOS.

Lorsqu'en 1815, après la bataille de Waterloo et pendant l'occupation de la France, l'armée française eut été dissoute, le général Foy comprit que sa carrière militaire était terminée. Ce n'était plus sur les champs de bataille que devaient être défendues les opinions qui, vingt ans auparavant, l'avaient appelé aux armes. L'honneur de la France et l'indépendance nationale, ces deux passions de sa vie entière, n'étaient plus pour lui que des motifs de souffrance. Bien que les débris de notre vieille armée eussent été en partie recueillis dans la formation d'une armée nouvelle, on conçoit

facilement qu'une ame fière, pleine de nobles souvenirs, qui ne sentait rien à désavouer dans le passé, ait rejeté bien loin la pensée de subir la moindre indulgence, et de déguiser en rien ses sentimens d'autrefois et ses impressions d'aujourd'hui. D'ailleurs, lorsqu'enfin nous obtenions pour prix de nos maux, pour consolation de nos revers, un gouvernement fondé sur la libre délibération et la publicité, le temps était venu de ne plus demander l'honneur et l'avancement qu'au glorieux patronage de l'opinion publique. « Les places, » écrivait alors le général Foy dans quelques lignes destinées à faire partie de la préface de son livre, « les places ne valent pas l'am-
» bition d'une ame élevée; il n'y a de bon
» dans le gouvernement populaire que ce
» qui vient du peuple. »

Cependant il n'avait pas encore obtenu accès à cette tribune où sa vocation et sa gloire l'appelaient; et cet esprit, avide d'action et de connaissance, ne pouvait végéter dans un loisir inutile. Privé tout-à-coup de la vie agitée et aventureuse des camps, il n'était pas réduit, comme tant d'autres, à se laisser accabler par une pesante oisiveté. Les chances de la guerre et le goût vif et studieux qu'il avait toujours eu pour sa glorieuse profession, n'avaient point suffi à occuper toutes ses facultés; cette sphère, si vaste qu'elle puisse être, n'avait jamais borné ses pensées et son imagination. Tourmenté du besoin d'apprendre, partout où il avait trouvé un pays à observer, un fait à noter, un livre à lire, une conversation à écouter, il y avait appliqué toute son attention. Savoir avec exactitude, et juger avec liberté, était en toute circonstance un besoin impérieux pour lui. Non-seulement il lui fallait recueillir et combiner tout ce qui se présentait à ses yeux, mais plus actif que contemplatif, plus pratique que théorique, il voulait retirer de ses études continuelles des fruits positifs. Pendant sa vie entière, il est rare qu'une seule journée ait fini sans qu'il eût écrit, souvent même avec détail, ce qu'il avait vu, appris ou pensé. Les nombreux volumes de ce curieux journal sont demeurés en témoignage de sa merveilleuse activité.

A peine sorti de la vie militaire, le général Foy conçut le projet d'écrire l'Histoire de la guerre d'Espagne. D'autres époques étaient sans doute plus chères à son souvenir; mais il avait fait toutes les campagnes de la Péninsule; le souvenir en était encore tout récent dans son esprit et dans l'attention du public. Cette guerre formait comme une sorte d'épisode séparé des autres entreprises des armées françaises. D'ailleurs, elle était bien plus mêlée de mouvemens populaires, d'influence des opinions, de diversités nationales, de considérations politiques. Enfin elle était à juste titre désignée comme la cause première et principale de la chute de Napoléon. Là, mieux qu'ailleurs, devait être apprécié ce grand personnage qui, après avoir régné sur toutes les volontés, remplissait encore toute les imaginations.

Le général Foy se sentait plus qu'un autre le droit de le juger. Soldat de l'armée du Rhin, ne voulant verser son sang que pour défendre la liberté de son pays, il s'était autrefois refusé à devenir aide-de-camp du général de l'armée d'Italie. Sans doute il avait admiré le grand homme de guerre; il s'était enorgueilli de la gloire répandue sur le nom français, mais toujours en portant un œil de regret sur les guerres de sa jeunesse, sur cette époque de dévouement patriotique et de vaillance désintéressée. Il lui plaisait d'avoir à exprimer ce double sentiment qui, dans le moment où il écrivait, ne pouvait être que sincère.

« J'ai fait tout ce qui était humaine-
» ment possible pour empêcher son pou-
» voir; j'ai refusé sa fortune. J'ai le droit
» d'en dire du bien : sa gloire est notre

» patrimoine. Nous avons assez souffert
» de ses fautes pour revendiquer ses qua-
» lités.... »

Il trouvait aussi que l'époque était bien choisie pour parler non-seulement de Napoléon, mais de toutes choses et de toutes personnes, avec une franchise entière.

« Bon moment pour écrire l'histoire!
» Les héros sont morts. Ce qui reste d'ho-
» norable est dans la retraite et dans l'ou-
» bli; le petit nombre des autres est si
» différent d'eux-mêmes, qu'on ne risque
» pas en les molestant. Ils se sont fait
» d'autres principes depuis qu'ils adorent
» d'autres dieux. »

Parmi les pensées qui le préoccupaient en commençant cet ouvrage, on en trouve une qui est bien conforme à tous les sentimens que depuis il a manifestés. C'est une certaine inquiétude d'entendre remarquer quelque contradiction entre les sentimens de liberté et de patriotisme qui avaient jadis animé l'armée française, et l'ardeur qu'elle avait aussi déployée au service du destructeur de nos libertés. On verra dans la phrase suivante et l'on retrouvera dans le livre une considération que l'histoire doit recueillir : c'est que la principale circonstance des succès de Napoléon, circonstance due à la force des choses et à son habileté, c'est d'avoir toujours compromis la France et l'armée, en telle sorte que l'honneur national et la sûreté du territoire étaient en jeu, même lorsqu'ils n'avaient été pour rien dans les motifs de la guerre.

« Et qu'on ne dise pas que le patrio-
» tisme des soldats fut moins grand, parce
» qu'ils combattirent loin de la patrie
» pour la cause du conquérant... Une vic-
» toire à Moscou et aux Arapiles était
» mille fois plus importante, non pas que
» Jemmapes ou Valmy, mais que Fonte-
» noi et Rosbach.... Plus loin était le ter-
» rain, plus l'action était forte, plus la
» réaction devait être sanglante.... Et c'est
» Moscou qui a amené Alexandre à Pa-

» ris!.... et l'Espagne, Wellington, le gé-
» néral odieux des étrangers, dans les murs
» de notre ville sacrée!.... »

Enfin, aux sentimens qu'il avait le désir d'épancher, au besoin de remplir ses loisirs, se joignait encore l'espérance qu'il eut toujours d'illustrer son nom. La guerre lui était fermée; le peuple ne l'avait pas encore choisi pour son représentant et son orateur. Ainsi il recherchait la gloire d'écrivain qu'il ne dédaignait pas; car il y pouvait atteindre. Et cependant cette gloire, il voulait encore la reporter sur la France, qui était le fond de ses pensées et de ses attachemens :

« Heureux l'écrivain qui élève un mo-
» nument à son pays!... Je n'aurai pas cet
» avenir... »

Une fois que son projet fut arrêté, le général Foy travailla à l'exécution avec cette incroyable ardeur qu'il mettait à toutes choses. Les notes qu'il avait prises jour à jour sur les lieux même et au milieu des événemens, ne lui suffirent pas. Partout il recueillit des renseignemens, dépouilla les correspondances, les ordres des ministres et des généraux; rechercha le témoignage et les conversations de ses compagnons de guerre. Il fit deux voyages en Angleterre pour s'y instruire à fond de l'organisation de l'armée, et connaître les récits qu'on y faisait de la guerre d'Espagne; il se rapprocha des Espagnols fugitifs pour obtenir d'eux des informations; il demanda partout des notes et des documens. Toujours vérifiant, toujours contrôlant les renseignemens les uns par les autres, exact jusqu'au scrupule, il ne voulait rien avancer, ni faussement, ni légèrement.

Tel fut le travail auquel il se livra pendant les années 1816 et 1817, avec une obstination si grande que cette vie sédentaire et studieuse, succédant à l'activité militaire, le rendit gravement malade, et donna même des craintes fondées. Il lui fallut suspendre ses occupations et se soumettre à un régime sévère. En 1819, il fut nommé député; dès-lors une plus belle carrière s'ouvrit devant lui. On sait comme il l'a parcourue.

Madame la comtesse Foy a hésité quelque temps à publier cette première partie de l'Histoire de la guerre d'Espagne. Elle craignait de livrer à l'impression un ouvrage qui n'était pas entièrement terminé. Il a fallu les instances de ses amis pour la rassurer et lui persuader que le public reconnaîtrait, dans un ouvrage qui n'avait pas reçu son dernier achèvement, le noble talent dont l'impression est encore douloureusement récente; qu'il y retrouverait cette chaleur qui charmait et subjuguait du haut de la tribune, cette sincérité d'opinion, cette bienveillante impartialité, ces jugemens fermes sans être rigoureux, ces vues promptes et élevées, enfin cette tendresse pour la patrie française, qui surtout a valu au général Foy toute la sympathie nationale. Elle a pensé que peut-être même y aurait-il un intérêt de plus à observer le premier jet de la pensée et l'inspiration du moment; que ce serait une preuve de plus du naturel et de la franchise du talent; enfin, qu'elle pouvait, sans crainte, laisser, pour ainsi dire, lire dans l'ame de celui qu'elle et nous regrettons chaque jour.

Dans cette pensée elle s'est imposé le devoir de publier les manuscrits tels qu'ils lui ont été laissés. Le général avait coutume d'écrire vite, de ne jamais laisser échapper la pensée qui le traversait, ni l'expression qui lui survenait; puis il recopiait, mettait en ordre, retranchait et commençait à rechercher une correction de style, dont il ne s'occupait tout-à-fait qu'au dernier moment.

Ne pouvant suppléer en rien au travail que l'auteur se serait sans doute imposé à lui-même, il ne s'agissait plus que de mettre en ordre des renvois et des transpositions, de reconnaître ce qui avait été raturé, de veiller à ce qu'on n'imprimât pas ce que l'auteur avait voulu supprimer, sans pourtant jamais y rien substituer. C'est de quoi les manuscrits peuvent porter témoignage.

Le général Foy semblait craindre que son ouvrage ne fût trouvé trop long; on voit qu'il voulait expliquer dans sa préface comment sa manière de concevoir et de traiter le sujet avait dû l'entraîner à donner une grande étendue à ses récits.

« Nous écrivons longuement, parce que
» nous écrivons avec des Mémoires, des
» pièces officielles, des conversations, et
» surtout avec des souvenirs. Ceux qui font
» des livres avec des livres et des gazettes
» analyseront et seront plus courts.....

» Ce qu'il y a de plus difficile, c'est de
» savoir les faits, et, quand on les sait,
» c'est de les raconter sans altérer la vé-
» rité. »

On doit aussi remarquer à quelle époque

écrivait l'auteur et à quels sentimens il devait être livré. Certes son impartialité n'en était pas altérée ; il pensait et jugeait alors comme il a pensé et jugé depuis ; mais plus tard l'expression aurait pu ne pas être tout-à-fait la même. Celui qui était essentiellement tolérant et bienveillant, qui, dans la chaleur de la discussion, n'a jamais blessé une opinion ni peut-être même un amour-propre, aurait poussé ce genre de précaution jusqu'au scrupule. Nous voyons que telle était sa pensée, non pas même à l'égard de ses compatriotes, mais aussi des étrangers et des ennemis.

« Pourquoi serions-nous ennemis indi-
» viduels des Anglais ? Wilson à Oporto,
» Stuart en Sicile, furent des hommes
» généreux..... Il y en a beaucoup. D'ail-
» leurs la conduite des Anglais était for-
» cée; leur morale est pour eux une se-
» conde nature. Quand ils servent leur
» aristocratie aux dépens de l'humanité,

» ils doivent être jugés, comme nous autres
» Français, lorsque notre armée ravageait
» l'Europe par défaut de prévoyance ad-
» ministrative...... »

En publiant l'Histoire de la guerre d'Espagne, en cédant aux conseils qu'elle a reçus, madame Foy n'a pas voulu seulement remplir un devoir envers la mémoire de son illustre époux; il lui a semblé qu'elle avait aussi à accomplir d'autres devoirs envers cette opinion publique qui a manifesté tant d'enthousiasme et d'affection pour un des plus éloquens organes des sentimens nationaux. Cette patriotique adoption de la famille du général Foy a formé un contrat entre elle et la patrie. Ce qui reste de ses travaux, les productions encore inconnues de son talent sont une sorte de propriété du pays; et, lorsqu'au milieu de circonstances si graves, nous ne pouvons encore nous accoutumer à ne plus entendre cette voix qui animait et encourageait tout, qui exci-

AVANT-PROPOS.   XV

tait dans nos cœurs tant d'affections sympathiques, cherchons au moins dans les pages qu'il a laissées des opinions généreuses, de sages conseils et de nobles inspirations.

TABLEAU

POLITIQUE ET MILITAIRE

DES

PUISSANCES BELLIGÉRANTES.

LIVRE PREMIER.

FRANCE.

SOMMAIRE.

État de la France en 1799. — Napoléon Bonaparte s'empare de l'autorité. — Son entraînement vers le pouvoir absolu. — Gouvernement consulaire. — Paix générale. — Rappel des émigrés. — Monarchie impériale. — Goût de Napoléon pour la noblesse. — Institution d'une noblesse nouvelle. — Passion de Napoléon pour la guerre. — Campement de l'armée sur les côtes de l'Océan. — Esprit public de l'armée. — Campagne de 1805, en Autriche. — Campagnes de 1806 et 1807, en Prusse et en Pologne. — Paix de Tilsitt. — Situation de l'armée française à la fin de 1807. — Conscription militaire. — Mœurs et habitudes de l'armée. — Par qui et comment le pouvoir était exercé dans l'armée. — Avancement et récompenses. — Subordination et discipline. — Organisation militaire. — Infanterie. — Manière de combattre au temps de la République. — Changemens opérés pendant le séjour de l'armée dans les camps des bords de l'Océan. — Cavalerie. — Artillerie. — Génie. — État-major. — Établissement des corps d'armée. — Garde impériale. — Administration des armées. — Législation militaire. — Science de la guerre. — Napoléon.

LIVRE PREMIER.

FRANCE.

A la fin du dix-huitième siècle, la France soutenait les attaques de l'Europe coalisée. Le trône s'était écroulé avec fracas. Les castes privilégiées avaient été mutilées et dispersées; leur spoliation et l'établissement du papier-monnaie, en transportant une part de la richesse des classes qui consomment aux classes qui produisent, avaient amélioré le sol et éveillé l'industrie. L'agitation, les excès même du peuple soulevé n'avaient pas été inutiles à son perfectionnement. Il en était resté une teinte grave et plus de nerf dans le caractère national. Les troubles politiques et la guerre extérieure conspiraient à mettre les talens en lumière et à exalter les courages. Tout faisait présager, pour la génération naissante et pour celle qui viendrait après, une direction d'idées plus juste et plus vigoureuse que ne l'avaient eu leurs devanciers. Malgré de sanglantes proscriptions, malgré l'émigration et la guerre, la population allait en augmentant, et le territoire était agrandi jusqu'aux limites posées par la nature. Notre France renfermait en elle des germes actifs de prospérité et de puissance.

C'était au nom de l'égalité et de la liberté que le peuple s'était levé. Déjà l'égalité avait triomphé. Grâce à l'imprimerie, qui avait propagé les connaissances humaines; au commerce, qui avait accru et fait circuler les richesses; à la guerre, devenue plébéienne par l'emploi des armes à feu, l'égalité était dans les mœurs, même avant la révolution. Il ne s'agissait plus que de la mettre dans les lois.

Les nations courent au plus pressé. Ainsi, tandis que l'égalité s'établissait et jetait de profondes racines, la liberté, qui est une passion seulement pour les ames généreuses, qui ne devient un besoin universel qu'après une longue et triste expérience : la liberté fut invoquée tour à tour par les partis vaincus, et tour à tour foulée aux pieds par les factions victorieuses. La lutte chaque jour plus animée entre les intérêts anciens et ceux qu'avait créés la révolution n'étant pas encore terminée, les lois servaient d'armes de guerre et d'instrumens de violence.

A un pareil ordre de choses manquait le caractère de la durée. La révolution, en se prolongeant, menaçait de détruire les biens même dont elle était la source. L'anarchie s'apprêtait à dévorer l'État. Après plusieurs années de victoires éclatantes, dont l'impéritie des gouvernans avait laissé perdre le fruit, peu s'en fallut que les armées étrangères n'envahissent le territoire. Or, les gouvernemens sont institués pour maintenir la paix publique au dedans, et faire respecter le corps politique au dehors. Le Directoire exécutif, ne pouvant plus remplir ce mandat, devait tomber. Un établissement plus solide était désiré et par les victimes de la révolution lasses de souffrir, et par les hommes enrichis ou élevés qui voulaient jouir en paix de leur existence nouvelle. Déjà quelques zélateurs de la liberté, la confondant avec la tyrannie qui avait abusé de son nom, n'étaient pas éloignés de proférer contre elle le blasphême du dernier des Brutus contre la vertu.

Napoléon Bonaparte se présenta, et l'autorité suprême tomba entre ses mains. Il offrait à la révolution des garanties suffisantes. C'était lui qui, malgré sa répugnance pour les principes et les mœurs des révolutionnaires, voyant bien qu'ils étaient les plus forts, s'était mis à leur tête le 13 vendémiaire, en dispersant à coups de canon les partisans armés de l'ancien régime. C'était lui qui, au 18 fructidor, avait, aux dépens de la liberté et de la justice, préservé l'existence de la République, en mettant le poids de son épée dans la balance des partis. Ainsi placé par choix et par nécessité à la tête des intérêts nouveaux, la réputation du guerrier rassura ceux qu'avait effrayés le progrès des armes de l'étranger. A ses goûts studieux, à la profondeur de sa pensée, à l'élévation ossianique de son langage, les amis de la liberté le prirent pour un des leurs, quelles que fussent les préventions inspirées par sa conduite passée. Les classes distinguées par l'éducation attendaient plus de libéralité d'un général illustre, que de ces tribuns démagogues grandis au milieu des saturnales des derniers temps. La nation entière désirait le rétablissement de l'ordre. C'était l'unique besoin dont elle fût préoccupée. Les peuples ne veulent jamais qu'une chose à la fois. Rien de si imprévoyant que la voix publique; elle se rapporte toujours au présent, jamais à l'avenir. On demandait l'ordre, comme auparavant on avait demandé l'égalité, sans songer à la liberté.

Que la France eût été heureuse, si son jeune

chef eût compris le siècle et deviné la postérité! Washington en Amérique avait montré à quelle condition on est « le premier dans la guerre, le premier dans la paix, et le premier dans les affections sociales[1]. » Bonaparte prit une autre voie, et ce fut une preuve de plus que les génies brillans et les ames naturellement prédominantes, ne sont pas toujours les plus heureux présens que le ciel puisse faire aux nations.

Il avait reçu le jour dans l'île de Corse, en dehors des mœurs de la France et du siècle. La nature lui avait donné, avec un corps de fer, une tête puissante de conception, une imagination ardente, une invincible ténacité. Les belles-lettres qui humanisent le caractère, et qu'on accuse d'affaiblir l'esprit en mettant les mots à la place des choses, les belles-lettres avaient été sans attrait pour lui. Les mathématiques lui avaient plu, comme

---

[1] Paroles extraites de l'Éloge funèbre de Washington, prononcé dans le congrès américain.

méthodes propres à faire discerner le vrai, et à donner un résultat positif. Continuant à résoudre des problèmes, il eût été Newton ou Lagrange. Mais la vérité mathématique était trop abstraite, trop détachée de la vie réelle, pour servir d'emploi à sa volonté. L'insatiabilité de son esprit le transporta dans les espaces du monde moral. L'époque où il vécut dirigea ses recherches vers la guerre et la politique. Éclairé par le flambeau de l'investigation, et soutenu par la trempe du caractère, il ne tarda pas à dépasser ceux qui se traînaient à l'aveugle dans les sentiers de la routine.

La révolution française était encore un chaos pour les plus habiles, que déjà Napoléon en entrevoyait les résultats possibles. Un de ses compatriotes lui conseillait, à la fin de 1792, d'aller tenter fortune en Corse, et lui présentait en perspective la survivance du vieux Paoli. « Oh!
» répondit le jeune homme plein d'avenir, il
» est plus aisé de devenir roi de France que
» roi de Corse. »

Depuis ce temps, en quelque rang que l'ait mis la fortune, son ascendant l'a poussé par-delà. Chef de bataillon d'artillerie au siége de Toulon, et n'y étant que le second de son arme, ayant à lutter contre l'ingénieur Marescot, réputé le plus expert dans l'art de prendre les places, soutenant ses opinions devant des généraux estimés et des représentans du peuple qui distribuaient autour d'eux la terreur et la mort, Bonaparte parut avec l'aplomb, la supériorité et presque le ton du maître. Général en chef de l'armée d'Italie, il tint d'emblée ses lieutenans à la distance respectueuse où il mit ensuite les plus grands de la terre. Le Directoire ne l'avait chargé que de commander les soldats et de combattre : il reçut les ambassadeurs des princes et des républiques, conclut des traités avec eux, s'érigea en législateur, renversa et éleva des États. A trente ans sa gloire avait laissé loin derrière elle les gloires contemporaines.

La soif de dominer et le besoin de ne pas

laisser l'admiration se reposer le conduisirent en Égypte : « L'Orient attend un homme, » disait-il en traversant le désert qui sépare l'Afrique de l'Asie. Plût à Dieu que le génie de la France lui eût alors apparu, pour l'avertir que cet homme, l'Occident le repoussait! Il ne faut plus à la vieille Europe que le mouvement nécessaire pour assurer la marche graduelle de l'esprit humain, et garantir à chacun le degré d'indépendance personnelle compatible avec le paisible usufruit des biens de la nature et des production des arts.

Napoléon ne se donna pas d'abord à connaître tout entier : quoique passionné pour la guerre, il offrit la paix à l'Europe. Les refus de l'Angleterre forcèrent le premier consul à vaincre. A la tête d'une armée de conscrits, il reconquit, par une seule manœuvre et par une seule victoire, cette Italie qui, quatre ans auparavant, avait coûté à ses soldats et à lui onze mois d'efforts héroïques et de conceptions lumineuses. Le passage des Alpes reporte la pensée au temps d'Annibal; la série de marches terminée par la bataille de Marengo, atteste le point où la science était parvenue. La capitulation du général autrichien Mélas, n'avait pas d'exemple dans les fastes de la guerre.

Non moins grand dans les autres carrières, Bonaparte reconstruisit l'État et recomposa le gouvernement. Ceux qui l'avaient précédé au timon des affaires, étaient les chefs de la révolution; il en fut le maître. La sécurité rendit aux propriétés leur valeur. Un code de lois civiles fut donné aux Français, et la gloire en appartient au chef de l'État, non-seulement comme ordonnateur du travail, mais encore à cause des traînées de lumière que son esprit supérieur jeta à plusieurs reprises dans les discussions de ce monument de la raison moderne. L'administration prit une marche sûre et rapide, par l'application du principe fécond en heureuses conséquences, de confier toujours l'action à un seul, et la délibération à plusieurs. L'ordre, qui est le symptôme de la force et de la durée, fut établi dans les services; les finances furent rétablies; les lois furent strictement exécutées; devant tant d'éclat tempéré par tant de sagesse, les factions furent assoupies, et les derniers brandons de la guerre civile disparurent.

BONAPARTE releva le trône. La postérité dira au profit de qui. Héritier de la révolution, et succédant à la République, l'autorité impériale fut sans frein et sans limites. Le Sénat apprit au peuple jusqu'à quelle profondeur d'abjection peut descendre une assemblée dont les membres, recommandables d'ailleurs par l'exercice individuel des vertus ou des talens, ne sont liés entre eux ni par le sentiment des devoirs envers la patrie, ni même par l'esprit de corps. La nation perdit le peu de libertés que l'ancien régime lui avait laissées, et toutes celles que le nouveau lui avait données. Droits politiques, intérêts particuliers, propriétés des communes, éducation, science, pensée, le gouvernement envahit tout. On sentit son poids dans la famille comme dans la cité. Les Français ne formèrent plus qu'un gros bataillon mû au commandement d'un seul homme. Le clergé, malgré sa propension à travailler pour sa propre grandeur, fut réduit au rôle d'instrument docile des volontés du maître. Dans cette France si agitée, peu de temps auparavant, par des assemblées turbulentes, les citoyens n'avaient plus le pouvoir de se réunir. Il ne restait ni dans les mœurs, ni dans les lois aucun moyen de résistance aux erreurs ou aux abus de l'autorité. C'était la carcasse politique de Constantinople, moins l'anarchie des pachas, l'opposition sourde de l'uléma, et la mutinerie bruyante du janissaire.

Quand on veut gouverner les hommes par leurs vices, on devrait se garder de les éclairer, car l'effet des lumières est de jeter dans les esprits des idées justes sur les droits et les devoirs de chacun. Ici il y eut dans la marche de Napoléon une contradiction qu'explique son entraînement vers tout ce qui avait de l'éclat. D'une part, la presse était esclave ; la police repoussait la vérité avec autant de soins que s'il se fût agi d'écarter l'invasion de l'ennemi ; des écrivains se chargeaient, à prix d'argent, tantôt de justifier la frénésie du pouvoir, tantôt de distraire, par des querelles de littérature et de coulisses, l'attention d'un public avide de nouveauté ; d'autre part, Napoléon protégeait les sciences, et regrettait de n'avoir plus le temps de les cultiver ; il encourageait les lettres et les arts. Sous son règne, la France se couvrit de monumens d'un style analogue à la grandeur de l'époque. Paris mérita son nom de Capitale du grand Empire. Des ponts construits sur toutes les rivières, des canaux creusés aussitôt que projetés, des routes tracées à travers les précipices des montagnes, ouvrirent de nouvelles communications au commerce. Le mouvement imprimé depuis

1789 à l'agriculture et à l'industrie s'accéléra encore en se régularisant. La population ne cessa point d'augmenter. On ne trouvera pas dans l'histoire un autre exemple de tant de prospérité amassée sur un pays livré à la guerre continuelle. C'est que Napoléon était despote pour son compte, mais ne déléguait pas le despotisme. Avec lui, on ne connaissait ni les vexations des subalternes, ni l'insolence des castes, ni l'intolérable domination des partis; la loi était forte, souvent dure, mais égale pour tous. La sublimité des conceptions et le prestige de la gloire dissimulaient les difformités du pouvoir absolu.

Avant peu d'années, les larmes des contemporains qui ont perdu leurs fils ou leurs frères dans les combats seront séchées; le mal sera passé, le bien restera. Dans cette activité guerrière dont nous avons été les instrumens et les victimes, on ne verra plus que la gloire. La gloire des armes est comme le feu; de près elle brûle, de loin elle échauffe. La haine vertueuse qu'inspire le despotisme s'affaiblira devant un sentiment d'admiration pour tant de créations et de restaurations utiles. On dira que, pour les accomplir, un pouvoir incontesté était peut-être nécessaire. Les pères raconteront aux enfans comment au temps de Napoléon, au milieu du bruit glorieux des armes, la France était loin d'avoir perdu l'éclat et la prospérité que donnent les sciences, les lettres, l'industrie et le commerce.

Le passage des formes de la république à celles de la monarchie produisit peu d'impression sur la multitude, parce qu'il s'était opéré progressivement et ne déplaçait pas d'intérêts. Mais la pompe de la royauté développa rapidement chez l'Empereur un travers dont on avait déjà aperçu le germe dans les allures du premier consul. Nul ne l'a surpassé en orgueil, et assurément il était excusable d'en avoir plus que les autres hommes. Mais à ce noble orgueil, qui est la conscience du génie, il joignait une prédilection malheureuse pour la noblesse d'extraction. La postérité le croira-t-elle ? le guerrier des Pyramides, l'homme de la gloire, le roi des rois se plaisait à répéter qu'il était né gentilhomme ! C'était chez lui sans doute une de ces impressions d'enfance qui se perpétuent pendant la durée de la vie, et auxquelles on obéit en dépit de la réflexion et de la raison. Qui mieux que Bonaparte savait pourquoi, depuis quinze années, les classes inférieures étaient montées si haut, et les classes supérieures descendues si bas ? Qui plus que lui était en état d'apprécier à leur juste valeur et la politesse futile qui sert de vernis à l'impuissance, et l'insolence des manières qui contraste avec la servilité des ames ? Sur quel autre fondement posait son trône que sur la révolution et l'égalité ? Et pourtant, au lieu de placer un titre tout neuf hors des préjugés reçus et des habitudes anciennes, l'empereur des Français adopta la contenance des rois de France et de Navarre. Pour reproduire subitement un cérémonial et des usages lentement introduits par la succession des temps, on eut besoin de recourir aux dépositaires des vieilles traditions. « Les antichambres de la cour impériale furent ouvertes à la noblesse, et la noblesse s'y précipita[1]. » Les uns reportèrent au maître nouveau les sentimens de loyauté qu'on leur avait inculqués dès leur jeune âge ; les autres, en plus grand nombre, ne se piquèrent de fidélité que pour le régime qui avait eu leurs premiers sentimens. Il fut de bon ton de dénigrer dans les salons du faubourg Saint-Germain la puissance qu'on encensait aux Tuileries.

Installé sur le trône des Bourbons, et s'y asseyant à leur manière, Napoléon se crut solide comme Louis XIV. Il voulut aussi avoir une noblesse pour servir de cortége à sa dynastie. L'opinion repoussa un système d'hérédité qui

---

[1] Mot de Napoléon.

ne s'accorde ni avec notre législation, ni avec la passion de notre peuple pour l'égalité. Les titres féodaux n'ajoutèrent aucun relief aux noms glorieux de l'époque actuelle, et ils attirèrent les traits de la malignité sur les gentilshommes de fraîche date qui n'avaient pas conquis l'estime publique par de hauts faits ou des talens supérieurs. En vain dira-t-on que la noblesse nouvelle était *populaire parce qu'on y entrait à toute heure et de partout* [1]. Cette teinte démocratique était destinée à s'effacer après la première génération. Les pères avaient été créés nobles, parce qu'ils exerçaient le pouvoir; les fils auraient usurpé le pouvoir en vertu du droit de leur naissance. Si les titres héréditaires n'eussent conféré ni fonctions, ni prérogatives, il y aurait encore eu raison de s'alarmer. La classe qu'on en décorait, hargneuse pour les citoyens, aurait fatigué le gouvernement de ses exigences et de ses tracasseries.

[1] *Mémorial de Sainte-Hélène.*

L'esprit de toute noblesse, jeune ou vieille, n'est plus dans les États modernes que la prétention avouée d'obtenir les emplois sans être capable de les remplir, et de vivre sans rien faire aux dépens de ceux qui travaillent.

Avant Marengo, la France eût reçu la paix. Après Hohenlinden, elle la dicta. Le gouvernement anglais, témoin de la lassitude des peuples, consentit, malgré lui, à laisser respirer l'humanité. Par la paix d'Amiens, la révolution prit droit de bourgeoisie en Europe.

Cependant la réconciliation des Français, entre eux et avec les puissances étrangères, reposait sur une base provisoire et fragile. La France avait été sauvée, mais par une dictature. Si cette dictature devait durer au-delà des dangers de la patrie, le remède pouvait à la longue être plus funeste que le mal. La liberté de la presse, sauve-garde des autres libertés, demeurait suspendue. Le pouvoir judiciaire restait dans la dépendance de l'autorité exécutive. Le Tribunat, seule portion de la représentation nationale à laquelle la parole fût permise, avait été réduit au silence. Les bons esprits demandaient au génie de Bonaparte des institutions appropriées à la dignité de l'espèce humaine, et qui, comme des ancres de sûreté, retinssent le vaisseau de l'État au fort des tempêtes.

Bonaparte crut répondre au vœu national en se faisant nommer consul à vie, en rétablissant le culte, et en rappelant les émigrés. De ces trois actes, le premier était l'ébauche d'un plan plus vaste qui ne tarda pas à se développer; le second s'accordait avec l'opinion d'un certain nombre de Français, et associait la religion à la garantie des changemens récemment opérés dans la société; le troisième compromettait le destin de la révolution.

En admettant, ce que nous sommes loin de croire, que l'émigration fut un devoir pour quelques-uns, et un noble sacrifice de la part de tous, encore est-il vrai que les émigrés s'étaient constitués en opposition avec l'immense majorité de leurs concitoyens, et qu'ils avaient invoqué les armes de l'étranger [1]. La nation étant demeurée victorieuse, ils n'avaient pas recouvré leurs priviléges, et on avait confisqué leur avoir. L'exil qu'ils s'étaient imposé volontairement était devenu pour eux une peine perpétuelle. Le premier consul leur rendit la patrie et les domaines dont l'Etat n'avait pas disposé. C'était bien fait, s'il voulait de bonne foi clorre la révolution, conserver la paix et gouverner dans l'intérêt de tous. C'était absurde, s'il avait dans le cœur de mettre son ardeur belliqueuse à la place des fureurs populaires, et de jouer le pays au jeu des batailles.

Les victimes à demi consolées étaient au

---

[1] Il serait superflu de faire remarquer que nous entendons parler ici des émigrés volontaires, et non des amis de la liberté, ni des citoyens paisibles que la fureur des factions força d'abandonner leurs foyers.

nombre de plus de cinquante mille, et propriétaires autrefois de la dixième partie du territoire. Bien que dépouillés de leurs honneurs antiques et frappés dans leur opulence, l'élégance des manières, puissance toute française qui marche presque l'égale de la supériorité de l'esprit, conserva à leurs femmes et à eux la suprématie dans la société. Ils bouleversèrent l'opinion, non pas du peuple, mais des salons. Cela était facile à prévoir. Pouvaient-ils faire des vœux contre les Anglais, ceux que les Anglais avaient secourus dans l'infortune? N'aurait-ce pas été de leur part un héroïsme surhumain que de s'identifier avec cette patrie nouvelle, naguère si effervescente dans l'outrage, et maintenant si lente dans la réparation? Que pouvait leur importer le triomphe d'un drapeau qui était à leurs yeux l'étendard de la révolte? Ne devait-on pas présumer qu'ils consentiraient à voir la France resserrée dans les murailles de Bourges, et là encore rançonnée par les étrangers, s'il était possible qu'ils y retrouvassent les avantages sociaux qui leur furent injustement ravis ?

Quand le sol de la révolution fut couvert de ses ennemis, il fallut les empêcher de nuire. Les moyens ordinaires de répression ne suffisaient pas; on en inventa de nouveaux. De-là l'essor que prit la haute police. Le gage de la durée du nouvel ordre de choses diminuait par la restitution aux anciens propriétaires d'une partie des domaines nationaux. Les acquéreurs des biens vendus, dont une longue possession n'avait pas encore confirmé les droits, ignoraient où s'arrêterait ce commencement de réaction. Bonaparte imagina alors de réparer une faute politique, par un acte abominable, sous quelqu'aspect qu'on l'envisage. La tête du duc d'Enghien fut offerte en holocauste à ses propres inquiétudes et aux intérêts révolutionnaires alarmés.

On put croire un moment que les partis étaient d'accord, car révolutionnaires et émigrés, républicains et royalistes firent éclater en même temps une indignation sentie par tous avec la même vivacité.

Ce coup d'État, si discordant avec le caractère libéral du siècle où nous vivons, est cependant la souillure unique de la vie de ce grand personnage. Si son ambition a fait couler tant de larmes, c'est l'effet de combinaisons générales, et non d'un penchant particulier à la cruauté. Ne confondons pas un despotisme dont la colère s'arrêtait à la limite de ce qu'il croyait son intérêt, avec une tyrannie passionnée, aveugle et sanguinaire. Napoléon n'était pas né méchant; toujours on le vit plein d'indulgence pour les siens; il ne savait même haïr long-temps, ni fortement ses ennemis. Lisez l'histoire des hommes qui se sont élevés du rang de simple particulier au pouvoir suprême, et vous verrez comment la plupart ont acheté la couronne par plus de méchantes actions.

Ce n'était pas assez pour Napoléon de régner

sur la grande nation, il aspirait ouvertement à la monarchie universelle. Dans cette pensée gigantesque, peut-être était-ce encore moins le but, que la route à parcourir pour y arriver, qui souriait à son imagination. Car l'agitation était son élément; il se délectait au sein des tempêtes; le globe fournissait à peine de quoi assouvir sa rage d'ajouter à la célébrité d'un nom trop tôt célèbre. Il faisait la guerre avec volupté; il l'aimait comme on aime une maîtresse au printemps de la vie. Pour justifier aux autres, et peut-être à lui-même, le déréglement de ses projets, il montrait la révolution française *incompatible avec les préjugés sur lesquels roule le monde depuis la chute de l'empire romain.* « Sa mission, disait-il, n'était pas seulement de gouverner la France, mais de lui soumettre le monde, sans quoi le monde l'aurait anéantie. » Partant de cette supposition gratuite, il organisa l'empire pour la guerre, et pour la guerre éternelle. Ce ne fut pas pour acquérir le droit d'être un prince absolu qu'il combattit sous toutes les latitudes. Rien ne l'empêchait de le devenir à moins de frais. Au contraire, il fonda le despotisme pour créer, vivifier, et toujours renouveler les élémens des combats.

Les hommes étrangers au métier des armes ne sauraient concevoir cette inquiétude turbulente qui conduisait Alexandre aux bords du Gange et Charles XII à Pultawa. La guerre est une passion jusque dans les derniers ordres de la milice; pour ceux qui commandent, elle est la plus impérieuse et la plus enivrante des passions. Où trouverez-vous un champ plus vaste à l'énergie du caractère, aux calculs de l'esprit, aux éclairs du génie? A celui que la gloire enflamme, la faim, la soif, les blessures, la mort même, sans cesse menaçante, produisent une sorte d'enivrement; la combinaison soudaine des causes indéterminées avec les chances prévues, jette dans ce jeu d'exaltation un intérêt de tous les momens, égal à l'émotion que font naître à longs intervalles les situations les plus terribles de la vie. Quelle puissance dans le présent que cette volonté du chef, qui enchaîne et déchaîne à son gré la colère de tant de milliers d'hommes! Quelle suprématie sur l'avenir, que ce talent dont les inspirations vont régler le sort de plusieurs générations! Quand le Dieu d'Israël veut écraser ses adorateurs sous le poids de sa toute-puissance, il leur dit : « Je suis le Dieu des armées. »

L'humeur belliqueuse de Bonaparte trouva un puissant auxiliaire dans le cabinet de Saint-James. Les meneurs de l'Angleterre n'avaient permis la trêve d'Amiens que pour rendre sensible à leur peuple l'impossibilité de la paix; l'expérience faite, le traité fut rompu. Napoléon rassembla l'armée française dans des camps, sur les côtes de l'Océan, depuis le Texel jusqu'à la pointe de Bretagne. Il couvrit d'artillerie le rivage de Boulogne, le plus rapproché de l'Angleterre. Les soldats creusèrent des canaux et des ports de mer. Dans les hâvres et les grands fleuves on construisit des bâtimens légers ; malgré les efforts de la marine britannique, on parvint à les réunir dans les ports nouveaux. En même temps, de nombreuses escadres sortaient de nos arsenaux maritimes, et le pavillon français flottait sur toutes les mers. Pendant quinze mois, Rome et Carthage furent en présence.

On a demandé, et c'est encore un problème, si Napoléon a voulu envahir l'Angleterre, ou seulement épouvanter les Anglais. Nous ne doutons pas qu'il n'ait eu le projet de tenter la descente. De combien peu s'en est-il fallu que la flotte combinée de France et d'Espagne, débloquant successivement le Ferrol, Rochefort, Brest et le Texel, ne restât maîtresse, pendant plusieurs jours de suite, du canal de la Manche? La flottille de Boulogne, qu'on avait montrée à dessein comme un épouvantail de guerre, eût rempli alors sa destination naturelle, et eût servi de moyen de transport. En deux marées, cent mille hommes abordaient sur la plage d'Angleterre. Cinq marches au bord de la Tamise menaient les Français plus avant dans la conquête du monde, que trente batailles gagnées sur le continent. Pour obtenir d'immenses résultats, il n'était pas indispensable que l'envahissement fût complet et définitif. La retraite, il est vrai, offrait des difficultés presque insurmontables; mais les espérances du débarquement étaient assez décevantes pour distraire la pensée des embarras du retour [1].

Les proscriptions avaient moissonné ou éloigné la plupart des généraux qui avaient

---

[1] Napoléon croyait que, Londres pris, l'Angleterre serait conquise. Le général Marmont lui disait, au mois d'octobre 1805, à Augsbourg, que si la descente avait eu lieu, les Autrichiens auraient probablement commencé la guerre sur-le-champ. « Je ne le crois pas, répondit l'Em-
» pereur; mais s'ils fussent venus, les femmes de Stras-
» bourg auraient suffi pour les empêcher de passer le
» Rhin. » Tant il était persuadé que l'éclat de son entreprise pétrifierait les rois du continent, et produirait en France un immense mouvement national.

commandé les premières armées de la République ; d'autres étaient tombés sur les champs de bataille. Il n'était plus ce Hoche à l'ame de feu, au caractère indomptable, qui n'eût jamais ployé sous un maître, et dont les talens attestaient à la France combien de véritable noblesse elle cachait dans les rangs de ses plus simples citoyens. Kléber avait été frappé par un assassin ; Kléber, dont la tête s'élevait comme un drapeau au-dessus des bataillons, et qu'on n'a pas apprécié ce qu'il eût pu valoir parce qu'il obéissait mal et ne voulait pas commander. Le morose et taciturne Pichegru était mort pour la France en se mettant aux gages des Anglais. Moreau vivait; sa vie était pure alors et sa gloire entière. Général d'inspiration, il fut le premier de l'époque dans l'art de faire combattre une quantité limitée de troupes sur un terrain donné. Mais son caractère n'était pas au niveau de son talent. On l'avait vu, confiant jusqu'à la faiblesse, aider au 18 brumaire;

peu de temps après son nom servait de ralliement aux ennemis de cette journée. Parmi ces derniers, mais marchant seul dans des voies patriotiques et modestes, était signalé le vainqueur de Fleurus. Les principaux chefs de l'armée d'Italie ne dissimulaient pas leur mécontentement; les uns indignés du dictateur superbe, qui avait relégué ses camarades si loin de lui en attendant qu'il les traitât en sujets; les autres gémissant de ce que tant de périls et de travaux n'aboutissaient qu'à renverser la République.

Napoléon frappa Moreau. Les frondeurs de l'autorité tremblèrent; quelques-uns se tinrent à l'écart pendant un temps plus ou moins long. Le plus grand nombre entra bon gré mal gré dans le nouveau système : il y avait place pour tout le monde.

Soult, Davoust, Ney et d'autres hommes habiles choisis sur le second plan, se dévouèrent sans réserve; le champ illimité de l'espérance s'ouvrait devant eux. Tout en désapprenant aux soldats les souvenirs de la République, ils s'employèrent à donner une activité nouvelle a leurs passions guerrières. L'influence des chefs et la différence des positions avaient introduit dans les armées, à travers la valeur et le patriotisme communs à tous, des nuances d'opinion distinctes, surtout parmi les officiers. Elles s'effacèrent dans les baraques de Boulogne, d'Ostende et de Montreuil.

L'élan démocratique des braves de Sambre-et-Meuse, la direction libérale et éclairée de l'armée de Rhin-et-Moselle, la turbulence envahissante des vainqueurs de l'Italie, se fondirent dans un sentiment d'enthousiasme prêt à devenir du fanatisme. Il n'y eut désormais qu'une armée et qu'un général; les enfans de la patrie, séparés des citoyens, furent les soldats, non plus de la République, mais de l'homme qui s'était porté pour le seul représentant de la gloire nationale : leurs bras vigoureux élevèrent sur le pavois le nouveau Pharamond, en même temps que le Sénat, le peuple et le souverain pontife plaçaient sur son front le diadème impérial.

Napoléon avait voulu descendre en Angleterre pour devenir l'arbitre de l'Europe; il alla, dans l'espoir de mettre l'Angleterre aux abois, combattre les puissances du continent. Cette marche inverse devait être plus lente, plus incertaine, et coûter plus de sang. Elle s'accordait avec les intérêts britanniques. Le célèbre Pitt, fatigué des efforts dans lesquels sa nation se consumait toute seule depuis deux ans, ne cessait de prêcher la croisade aux cabinets d'Europe, et d'offrir des subsides pour la faire entreprendre.

Dès le printemps de l'année 1805, la cour de Vienne arma et forma un cordon en Italie, sous prétexte de garantir de la fièvre jaune les États héréditaires : son intention véritable était de prévenir et de combattre un autre mal plus menaçant et plus pernicieux, la révolution française, devenue homme dans la personne de Bonaparte. A la fin de l'été les troupes autrichiennes inondèrent la Bavière; les Russes, payés aussi par le gouvernement anglais, mais retardés à cause de la distance, suivirent leurs alliés de loin dans cette attaque impétueuse.

L'empereur des Français n'était pas aisé à prendre au dépourvu. Ses colonnes accoururent des côtes de Picardie et de Flandre, de la Hollande, du Hanovre, sur le Danube; il enleva dans Ulm une armée autrichienne et le fameux général Mack. Ce fut l'effet d'un mouvement stratégique, conçu avec une audace prévoyante, et exécuté avec une rare précision. Quarante jours après, l'armée russe fut battue dans les plaines de Moravie. La bataille d'Austerlitz peut passer pour la plus savante de l'histoire moderne, et ne fut pas une des moins décisives. L'empereur François II profita des forces que l'archiduc Charles ramenait d'Italie pour acheter la paix au prix de quelques provinces cédées. Le Czar rentra dans son pays avec ses Moscovites.

Après le traité de Presbourg, Napoléon pouvait arrêter la marche de son char triomphal. Les électeurs et les petits princes de l'empire germanique, moitié par contrainte, moitié par calcul, venaient de lier leur fortune à ce drapeau tricolore, naguère hors de la loi européenne. La France avait acquis la suprématie en Allemagne; son influence excessive dans les États du Midi n'était plus sujette à contestation. Il dépendait dès-lors du chef de la quatrième dynastie de choisir une épouse parmi les filles des rois.

L'Empereur envoya une armée à Naples. C'était un acte de justes représailles; mais sur le trône du souverain en fuite il plaça l'aîné de ses frères, et peu de temps après il monarchisa la Hollande pour former un apanage au troisième. La France et l'Europe durent s'alarmer de l'extension donnée au système impérial: la France, parce qu'elle était condamnée à verser son sang pour introniser, les uns après les autres, les membres d'une famille qui ne devait plus rester mêlée dans les rangs de la société ; l'Europe, parce que l'établissement de la jeune dynastie ne pouvait être fait qu'aux dépens des anciennes. L'Italie que tourmentent toujours ses souvenirs, supplia en vain Napoléon de la constituer en un seul État. Il continua à faire déborder la France au-delà des Alpes et du Rhin, s'inquiétant peu de dénaturer le caractère français par l'amalgame avec les mœurs italiennes ; il ne s'inquiéta pas non plus de faire perdre à sa monarchie cette consistance qui résulte d'une disposition de frontières favorable à la défense du pays, et en rapport avec l'emplacement de la capitale. L'empire germanique tombait de vétusté ; il lui donna le coup de grâce et s'établit sur ses décombres. La confédération du Rhin fut une cohorte de vassaux susceptible de se grossir indéfiniment.

Sous le titre modeste de protecteur, Napoléon envahit l'argent et les soldats d'une moitié de l'Allemagne ; ses armées, toujours campées sur le territoire, menaçaient l'indépendance de l'autre moitié.

La Prusse se trouva exposée au premier feu du conquérant. Dix ans de neutralité avaient fait prospérer son commerce ; mais restant stationnaire, pendant que les autres grandissaient par la victoire ou se retrempaient par le malheur, elle avait cessé d'être une puissance du premier ordre, et s'en était aperçue trop tard. Tout était en armes autour d'elle. Son territoire avait été violé par deux corps d'armée français, pendant la marche destinée à envelopper la forteresse d'Ulm. On n'avait pas écouté ses justes remontrances, et de la part de Napoléon, le mépris était précurseur de la ruine. Cependant un roi honnête homme hésitait à précipiter son pays dans une querelle dont l'issue pouvait être funeste. Il délibérait encore avec ses conseils, quand la monarchie autrichienne fut ébranlée à Austerlitz, et par suite l'empire d'Allemagne renversé. En échange du margraviat d'Anspach et de quelques portions de territoire nécessaires pour arrondir les alliés du vainqueur, Frédéric-Guillaume reçut le Hanovre, dont les Français n'avaient pas le droit de disposer, puisqu'il ne leur avait pas été cédé par un traité. La politique timide du monarque prussien le déconsidéra, sans diminuer les dangers de la monarchie. La noblesse, prenant à son compte l'humiliation nationale, désira la guerre. Elle y poussa le gouvernement à peu près malgré lui. L'or des Anglais fit le reste.

Cette guerre contre la Prusse n'allait ni aux intérêts de la France, ni à l'esprit de la révolution. Il ne s'agissait plus, du moins en apparence, de réprimer les tentatives de l'Angleterre, ou de punir l'acharnement de l'Autriche. On s'attaquait à la puissance qui, dès 1795, avait reconnu la République, et dont la conduite depuis la paix de Bâle n'avait été que la longue et continuelle rétractation d'une première effervescence. Cependant Paris et les provinces ne laissèrent encore apercevoir aucun indice de ce mécontentement qui éclata deux ans plus tard au sujet de l'iniquité plus révoltante, d'où sortit la guerre d'Espagne. Napoléon profita de l'irréflexion du peuple français pour se faire pardonner sa gloire.

La mémoire du grand Frédéric avait cessé de protéger le palais de Potzdam. On avait entendu parler d'un roi et d'une armée qui s'amusaient à des manœuvres de parade dans les sables du Brandebourg. On ne savait même pas qu'il y eût là une nation. Les Parisiens n'avaient pas oublié l'insolent manifeste du duc de Brunswick. Il s'était même conservé des souvenirs de la honte de Rosbach. D'ailleurs, nos armées n'avaient pas repassé le Rhin; elles étaient depuis la paix de Presbourg en marches et en manœuvres continuelles. Aux yeux d'un public mal instruit, l'invasion de la Prusse se présenta comme la continuation de la campagne d'Autriche.

On vit alors le peu que vaut un État dépourvu de frontières naturelles ou artificielles. L'Empereur choisit son point de départ. La bataille d'Iéna décida du sort de la Prusse, moins à cause de la supériorité des évolutions de tactique, qu'en raison de la direction prise par les colonnes dans les marches préparatoires. Après cette journée désastreuse, les généraux prussiens tout abasourdis rendirent les places sans les défendre, et la conquête du pays parut être le prix de la course.

Napoléon fut pour les Prussiens sans générosité et sans pitié. Il avait débuté dans son entreprise par insulter déloyalement une reine belle, héroïque et malheureuse. Des contributions et des vexations, imaginées par le génie de la fiscalité, achevèrent dans le pays conquis ce que le pillage du soldat avait épargné. Frédéric-Guillaume ne désespéra pas du salut de la patrie. Blessé au cœur, il se jeta tout sanglant dans les bras de l'empereur de Russie. Heureux s'il eût pris un an plus tôt cette détermination tardive, et s'il eût trouvé des inspirations sur le tombeau du héros de sa race[1] !

Alexandre était descendu de nouveau dans l'arène, prêt à venger les rois et à délivrer les nations. Les empires du Nord et du Midi se choquèrent aux plaines de la Pologne. Pour la troisième fois les soldats de Napoléon rencontrèrent, non pas leurs maîtres, les Français n'en ont pas dans l'art de la guerre, mais des rivaux puissans par le nombre, par le mépris de la mort et par le dévouement religieux au souverain : qualité qui dans l'enfance de la civilisation est aussi du patriotisme. Les Français combattaient à quatre cents lieues de leur pays sur une ligne d'opération mal assurée ; les Russes appliqués à leur frontière étaient à portée des magasins, du recrutement, des ressources de tout genre, et ils avaient recueilli

[1] L'empereur de Russie passant à Berlin, en 1805, pendant que son armée allait à la guerre d'Autriche, descendit avec le roi de Prusse dans le caveau où sont déposées les cendres du grand Frédéric.

les débris de l'armée prussienne. Un homme de moins dans le monde, et la lutte eût été prodigieusement inégale. Mais Napoléon valait à lui seul cent mille hommes. L'occupation de Varsovie ne le dispensa pas d'une seconde campagne, qui dans un autre siècle et avec un autre général eût été jugée audacieuse et rapide. Elle parut timide et lente aux Français accoutumés à des miracles que d'autres miracles devaient toujours surpasser. Le génie était aux prises avec la force matérielle, avec la puissance de la nature. Dans ce débat il fut possible au génie de triompher. Le calcul ne fut pas encore contraint à livrer, comme plus tard, un trop grand nombre de chances au hasard; les moyens pouvaient encore être proportionnés au but.

Les batailles de Pultusk et d'Eylau auraient dû donner des révélations salutaires. Ce n'était pas des défaites; mais quelle armée, quelle puissance pouvait recommencer souvent de pareilles victoires! On avait presqu'abordé sur son propre terrain ce colosse adossé aux extrémités du monde, dont la prépotence est indépendante de l'administration intérieure du pays et des qualités personnelles du prince. On avait pu déjà prévoir avec effroi qu'il était destiné à dévorer l'Europe si l'Europe ne réussit pas à l'affaiblir et à le démolir par l'infiltration de ses mœurs. Napoléon s'avisa pourtant qu'il fallait faire une halte avant d'aller à Moscou. La bataille de Friedland lui servit à conquérir l'entrevue de Tilsitt.

Sur un champ de bataille, le dévouement des chefs, le courage des soldats, mille circonstances impossibles à prévoir, déconcertent à chaque instant le talent du général, et le profit ne revient pas toujours au plus habile. Dans un combat singulier, où l'esprit est l'arme qu'on emploie, Napoléon était assuré d'arriver à ses fins; sa conversation renfermait une séduction inexprimable, et nous ne connaissons pas d'homme qui ait possédé au même degré que lui le secret de pénétrer dans les cœurs de ceux qui l'écoutaient. Le Czar tomba sous le charme. La peinture vraie et animée des prétentions anti-sociales de l'Angleterre exalta l'ame de ce prince; après huit jours employés à des épanchemens et à l'échange de soins mutuels, les deux empereurs se séparèrent sur le Niémen, Napoléon disant et Alexandre croyant qu'ils seraient toujours unis pour la paix et pour la guerre.

Des arrangemens de Tilsitt sortirent l'ébauche de la Pologne et l'érection d'un royaume en Westphalie pour Jérôme Bonaparte. La France n'y eut d'autre avantage que l'interruption momentanée des hostilités sur terre. Le traité de Presbourg, en 1805, avait relégué loin de nos frontières l'Autriche, la Prusse et la Russie. Pour conserver la paix il n'y avait qu'à s'y tenir. Par le traité de 1807 la France se retrouva en contact avec toutes les puissances guerrières. Ainsi les succès des deux dernières années avaient en réalité empiré sa situation. Plus que jamais la question se compliqua et devint indécise. Napoléon pouvait difficilement s'arrêter. Il s'était avancé trop pour le bonheur de son pays, trop peu pour l'accomplissement de sa politique.

En effet les condescendances, par lesquelles il avait payé l'amitié d'Alexandre, pouvaient être considérées comme autant de pas rétrogrades. Après avoir promis à ces vaillans Polonais, nos amis à la vie et à la mort, la restauration de leur république, ils n'eurent qu'une pierre d'attente dans la création du grand duché de Varsovie. Le parti pris avec la maison de Brandebourg, fut encore plus incomplet et plus fécond en disgrâces.

Napoléon se crut assez fort pour pardonner le mal qu'il avait fait. L'intervention d'un allié puissant et fidèle valut à Frédéric-Guillaume la conservation de sa couronne. Renfermant en son ame le désir de la vengeance, il régna dans un royaume morcelé, dévasté, occupé par des troupes étrangères.

La plus grande humiliation pour un roi n'est pas d'être vaincu, c'est d'être le complice du vainqueur. Frédéric-Guillaume avait combattu à la tête de ses soldats; il fut opprimé avec ses sujets. Compagnon des siens dans la bonne et dans la mauvaise fortune, la nation ne lui reprocha pas son malheur. Elle en accusa des institutions vieillies, des préjugés invétérés et une politique rétrécie. Les idées démocratiques germèrent sur les décombres qu'avait amoncelés la conquête. Il se forma dans le nord de l'Allemagne une sainte alliance entre les peuples tyrannisés par le vainqueur, et les hommes vertueux qui travaillaient dans l'ombre à relever la dignité morale de leur patrie et de l'humanité! La jeunesse éclairée des universités, les ministres de la religion, les militaires retirés du service accoururent en foule dans des sociétés secrètes, où se conserva le feu sacré de l'amour de la patrie. Cette puissance inaperçue devait être bientôt plus formidable que les canons et les baïonnettes. De-là sortit l'indépendance, peut-être un jour la liberté de l'Allemagne.

Le produit net de la victoire n'était pas proportionné aux efforts qu'elle avait coûtés, et l'empereur des Français n'aurait pas, à Tilsitt, caressé avec une délicatesse si recherchée le prince qu'il appelait son grand ami, s'il n'avait pas eu besoin de l'assistance du gouvernement russe pour la réussite de ses projets ultérieurs. Rien n'était achevé sur le continent, tant que la puissance de la Grande-Bretagne demeurait intacte. La destruction des flottilles et des escadres ne permettait plus de penser à presser les Anglais corps à corps. Napoléon essaya contre eux une agression d'un genre différent.

Nous aurons plus tard l'occasion de développer le principe et les conséquences du système continental. Ce fut cette vaste conception politique qui servit de prétexte à l'invasion de la péninsule espagnole. Nous allons dire quelle était alors la force de l'armée française, et comment elle s'élevait au-dessus des troupes mécaniques de l'Allemagne, autant qu'elle surpassait en discipline et en science l'armée de l'ancienne monarchie, formée de populace et de noblesse. Nous l'étudierons dans sa formation et dans ses mœurs. Pour mieux faire sentir les modifications que lui avaient, à cette époque, fait subir le gouvernement d'un seul et l'habitude de la conquête, il nous arrivera souvent de porter nos regards en avant de l'époque précise qui sert de point de départ à l'Histoire que nous avons entrepris d'écrire.

L'Empereur entretenait, à la fin de l'année 1807, six cent vingt mille soldats à pied et à cheval, savoir : trois cent quatre-vingt mille d'infanterie, et soixante-dix de cavalerie, distribués dans quatre cent dix-sept bataillons et trois cent cinquante-trois escadrons nationaux; trente-deux mille Suisses, Allemands, Irlandais, Hanovriens à la solde de France; quarante-six mille hommes employés pour le service actif de l'artillerie et du génie, et quatre-vingt-douze mille composant sous les noms de gendarmerie, demi-brigade de vétérans, compagnies de réserve, canonniers garde-côtes, une armée intérieure affectée spécialement à la police et à la protection du territoire. Il disposait en outre des forces militaires du royaume d'Italie, de Naples de l'Espagne, de la Hollande, du grand duché de Varsovie, et des États de la confédération du Rhin. Alliés de la veille, alliés depuis cent ans, tous, quelle que fût la différence des affections, étaient mus par une seule intelligence vers un seul et même but.

La République et la guerre avaient façonné pour Napoléon les généraux les plus capables, les officiers les plus dévoués, les soldats les plus valeureux. Ce n'était pas comme autrefois le trop plein des cités que des recruteurs plongés dans la débauche enlevaient avec astuce pour le répandre dans les régimens. C'était la fleur de la population, c'était le plus pur sang de la France. Pendant les huit premières années de la révolution, l'enrôlement, l'appel des bataillons de volontaires, les levées partielles et la grande réquisition versèrent plus d'un million d'hommes dans les camps. En 1798, la loi de la conscription fut portée pour être dans les siècles le palladium de notre indépendance : loi excellente quand même elle ne serait pas nécessaire, parce qu'en mettant la nation dans l'armée, et l'armée dans la nation, elle fournit à la défense des ressources inépuisables. Les jeunes hommes de l'âge de vingt à vingt-cinq ans durent être encadrés nominativement dans les corps militaires, non pas pour aller tous et toujours dans les camps et les casernes, se déshabituer du travail des mains ou de l'exercice des facultés intellectuelles, mais pour être appelés à la défense du pays à mesure des besoins et sous la condition de ne demeurer que quatre ans hors de leurs foyers, sauf telles circonstances extraordinaires, de l'urgence desquelles la représentation nationale serait seule juge. A la suite des malheurs de la campagne de 1799, les conseils législatifs mirent à la disposition du Directoire exécutif les cinq classes entières de la conscription, qui montaient à près de cinq cent mille hommes, indépendamment de plus de deux cent mille soldats aguerris qui restaient encore sous les drapeaux.

Ainsi, en arrivant au pouvoir, Bonaparte eut à exploiter une mine de soldats qui excédait de beaucoup les moyens de recrutement des autres puissances belligérantes. L'impopularité de la mesure ne lui appartenait pas, et il en recueillit les premiers fruits en portant dans l'administration de la conscription le même esprit d'ordre qu'il déployait alors dans les autres parties du gouvernement. En permettant aux conscrits de se faire remplacer, on reprit la plupart des vieux soldats qui avaient quitté le service. C'était autant de gagné pour l'armée, et d'épargné pour l'agriculture et les arts. Les levées furent confiées à des autorités mi-parties civiles et militaires, divisées en recrutement immédiat et en réserve. La réserve devait être une espèce de milice, toujours prête à remplir les cadres.

Depuis le 18 brumaire jusqu'en 1805, on ne demanda que deux cent vingt mille hommes à la nation, pas tout-à-fait la sept centième partie de la population par an : nombre modéré quant aux besoins, puisqu'il fallait compléter l'armée appauvrie par les congés absolus et par les expéditions coloniales.

L'abus de la conscription commença avec le renouvellement des hostilités sur le continent. L'agression de l'Autriche avait déroulé un long avenir devant Napoléon. Il put augmenter à sa fantaisie des armées destinées à vivre aux dépens de l'étranger. La disposition législative qui fixait à quatre années la durée du service régulier des conscrits, fut comme non avenue; on entra dans le service militaire pour n'en plus sortir vivant; les réserves n'eurent qu'un moment d'existence, et les jeunes gens furent conduits à la guerre aussitôt que désignés. Ceux même à qui s'appliquaient des exemptions légales demeuraient débiteurs de leur sang envers la patrie, non-seulement jusqu'à l'âge de vingt-cinq ans, mais tant qu'ils n'étaient pas libérés par un acte formel du pouvoir. Le vote des levées annuelles passa du Corps législatif au Sénat. Un conseiller d'État fut préposé à la direction de la conscription : et ce ne fut pas le moins important des départemens ministériels, que celui d'approvisionner l'antre du lion. Des colonnes mobiles parcoururent le territoire de la France, et contraignirent, l'épée à la main, la nation à devenir conquérante. Il fallut établir une législation d'exception pour une foule de délits nés d'une tyrannie nouvelle. Cette tyrannie, rude contre les personnes, était aussi fiscale tant par la nature des peines qu'en raison des sommes énormes que coûtaient les remplacemens. La limite de vingt à vingt-cinq ans, établie par la loi fondamentale, ne suffit pas long-temps à la consommation de l'espèce. Le gouvernement recula dans le passé, et anticipa sur l'avenir. Accouplant ensemble la ruse qui déconsidère et la force qui fait haïr, il imagina, pour tromper le peuple, des appellations inusitées. Tantôt des légions, dites de *réserve*, étaient créées pour une destination spéciale, et à peine formées on les transportait à une autre. Tantôt on faisait des appels de volontaires, comme si le mot seul n'eût pas été une dérision. Les citoyens mariés et livrés aux travaux utiles étaient requis et dépaysés sous le nom de *gardes nationales en activité*. On leurrait les jeunes soldats en les formant en régimens adjoints à la garde impériale, sans en partager les prérogatives. Les conscrits échappés au service à prix d'argent, furent repris plus tard dans les gardes-d'honneur, dans les bans et les arrière-bans. Désormais, pour un Français, la mort naturelle était celle qu'on trouvait au champ d'honneur. On en vint jusqu'à demander onze cent mille soldats en une seule année, à la population épuisée par trois mille combats et batailles.

Le nombre des gens de guerre contribue à la puissance des États moins peut-être que l'esprit qui les anime. Le mot *discipline* se prend en deux sens différens : la discipline apprend à subordonner sa volonté à la volonté du chef qui pourvoit aux besoins de tous; elle transforme en un mouvement réfléchi, calculé et enseigné par l'expérience et la pratique au soldat vétéran, cet instinct qui porte le conscrit à se serrer dans le rang, pour ajouter à sa force la force de son camarade. Plus l'armée a combattu, plus elle est accoutumée à vaincre, plus elle est attentive à la voix du commandement; nos vieilles bandes frémissaient d'un saint respect à la vue des aigles de la légion.

On nomme aussi discipline la règle qui prescrit de respecter les usages, les propriétés, les personnes dans les pays qui servent de champ de bataille. C'est un droit des gens établi sur des conventions expresses ou tacites, que les peuples civilisés ont faites pour adoucir un fléau terrible à l'humanité. Cette discipline est excellente à recommander sous le point de vue moral, et même dans l'intérêt bien entendu des armées. Pourtant elle n'est pas dans la nature de la guerre. S'il eût imposé strictement cette discipline à ses soldats, Napoléon eût manqué la destinée qu'il voulait accomplir.

Les Romains, conquérant pied à pied, saccageaient avec méthode. Le butin de chacun était apporté à une masse commune pour être ensuite distribué régulièrement. Hors du pillage et du meurtre prescrits par les chefs, la discipline s'appliquait à briser les passions individuelles. Nous lisons dans les anciens historiens, que les soldats de Caton redoutaient la hache du licteur plus que l'épée des Espagnols.

Quand, en 1793, la France eut à se débattre contre la coalition européenne, l'instinct national sépara la cause des peuples de celle des rois; on avait voulu nous donner pour cri de guerre : *Paix aux chaumières! guerre aux châteaux!* mais le manoir du seigneur était à l'abri de la licence des armes autant que la cabane du berger. Les vieux soldats se sont souvenus long-temps des représentans du peuple, Saint-Just et Lebas, qui firent fusiller des volontaires, pendant la campagne de 1794, pour avoir pris des œufs dans la basse-cour d'un paysan brabançon. Un an plus tard, la brigade de Latour-d'Auvergne, que les Espagnols avaient surnommée *la colonne infernale*, à cause de l'effroi qu'elle leur inspirait sur le champ de bataille, campait en Biscaye dans des vergers plantés de cerisiers, et les grenadiers n'osaient pas cueillir les cerises aux branches qui pendaient sur leurs tentes.

L'œuvre que les Romains avaient laborieusement achevée en cinq cents ans, Napoléon essaya de l'accomplir à lui seul et avec une seule génération. Il voulut ravir en courant la conquête du monde ; son secret était d'arriver vite encore plus que de frapper fort. Profond dans l'art d'émouvoir les imaginations, le jour où on ne le croirait plus sur parole, son astre devait pâlir dans sa course. Cette terreur de son nom, qui paralysa long-temps le courage des ennemis, il la commandait par des marches glorieusement rapides. Dès-lors plus de magasins échelonnés sur des lignes d'opération imprévues, plus de convois de vivres organisés dans des directions continuellement variables, et le moins possible de ces lourds bagages, si bien nommés par les anciens *impedimenta*. Ainsi que la neige précipitée des sommets des Alpes dans les vallons, nos armées innombrables détruisaient en quelques heures, par leur seul passage, les ressources de toute une contrée. Elles bivouaquaient habituellement, et à chaque gîte nos soldats démolissaient des maisons bâties depuis un demi-siècle, pour construire avec les décombres ces longs villages alignés qui souvent ne devaient durer qu'un jour. Au défaut du bois des forêts, les arbres fruitiers, les végétaux précieux, comme le mûrier, l'olivier, l'oranger, servaient à les réchauffer. Celui-là serait mort de faim, qui aurait attendu pour manger que l'administration de l'armée lui fît distribuer la ration de pain et de viande. Les jeunes conscrits, transportés par un pouvoir magique du foyer paternel aux extrémités de l'Europe, mêlés tout-à-coup avec les hommes de toutes les contrées, et irrités à la fois par le besoin et par le danger, contractaient une ivresse morale dont nous ne cherchions pas à les guérir, car elle les empêchait de succomber à des fatigues inouies. Nous les avons vus, dans l'âge où le corps n'a pas encore acquis son entier développement, dévorés par le soleil en été, ayant la neige pour lit en hiver, faisant des marches sans souliers à travers les marais de la Pologne ou au milieu des pointes de rochers des Alpes et des Pyrénées, réduits à arracher au laboureur la frugale nourriture de ses enfans. Plus d'une fois il a fallu, nous, leurs généraux et leurs pères, fermer les yeux sur les souffrances des habitans pour conserver la vie de ces jeunes Français qui devaient la sacrifier avec plus d'utilité pour la patrie. « Il faut que mes soldats vivent, » répondait le maréchal de Turenne, dans des circonstances moins difficiles, aux plaintes que lui portait l'intendant de Lorraine contre le pillage de l'armée. Et Turenne n'est pas le seul que les nécessités de la guerre aient forcé à tenir ce langage; on pourrait citer chez toutes les nations modernes, et à toutes les époques, des généraux illustres qui ont manifesté autant d'indulgence pour la maraude que d'aversion pour les concussions clandestines, dont l'humanité gémit sans que le soldat en profite.

Ce désordre étant reconnu inévitable, il n'a pas toujours été possible d'en fixer la durée et la limite; il s'est attaché à la guerre d'envahissement comme une plaie dévorante. Ce fléau est devenu plus terrible encore lorsque des passions exaltées ont mis les armes à la main de ceux que la condition de leur vie n'appelait pas à les porter. Malheur, alors, trois fois malheur au sol que foulait le char de la victoire! La guerre d'armée à peuple participe de la nature des guerres civiles; et l'on y commet de part et d'autre des crimes qui n'inspirent ni dégoût ni horreur. Nos soldats, toujours généreux dans leurs relations avec les guerriers, furent amenés à être inexorables envers le patriote armé pour défendre les fruits de son jardin ou l'honneur de sa fille; le fer caché sous l'habit de travail leur sembla le poignard d'un assassin déguisé. Les relations militaires ne présentèrent plus qu'une sanglante série de villages saccagés et de villes emportées d'assaut; et s'il arrivait que les ministres d'un Dieu de paix se transformassent en chefs d'insurrection et de guerre, on ne pouvait plus malheureusement s'étonner de voir de jeunes soldats accoutumés aux pratiques religieuses, sortir de leurs premières habitudes, et violer les couvens, les églises, et jusqu'à l'asile des tombeaux.

L'Europe dira qu'au milieu de ce délire les ennemis qui nous étaient opposés, et surtout les étrangers qui combattaient sous nos bannières, ont surpassé nos Français en férocité. Elle se souviendra long-temps de la rudesse sauvage des Polonais, de l'exaltation des Italiens, de la brutalité des Allemands. Les Français au moins sont d'une humeur sociable; ils ont le cœur ouvert et portent joyeusement la vie. Quand le tumulte des batailles était apaisé, ils revenaient se faire aimer, un à un, aux mêmes lieux où ils s'étaient fait détester en masse. Compagnons du paysan, et prompts à entendre son langage, on les voyait reprendre de gaieté de cœur les travaux rustiques, et s'évertuer à réparer les ravages de la guerre. Le nouvel hôte tenait lieu, au père et à la mère, de leur fils absent; c'était pendant la durée du

Tome 1.er Page 67.

quartier d'hiver un enfant de plus dans la maison. Le voyageur qui parcourt aujourd'hui les contrées où nos armées françaises portèrent le fer et la flamme, s'attend à un concert d'exécration contre les bandes dévastatrices; il entend à chaque pas célébrer avec l'accent de la reconnaissance les noms de quelques bons Français, qui furent ingénieux dans leur respect pour les droits du malheur.

Nos officiers des régimens, et surtout ceux de l'infanterie, resplendissaient de pureté et de gloire. Vaillans comme Dunois et Lahire, sobres et durs à la fatigue, parce qu'ils étaient les fils du laboureur et de l'artisan, ils marchaient à pied à la tête des compagnies, et couraient les premiers au combat et sur la brèche. Leur existence était tissue de privations, car l'administration militaire ne pouvait pas toujours fournir à leurs besoins, et ils eussent cru s'avilir en prenant part au pillage, tant ils avaient le cœur haut placé! Étrangers aux jouissances d'amour-propre de l'officier-général, exempts de l'ivresse du soldat, ces martyrs du patriotisme vivaient de cette vie morale qui se consume dans la résignation du devoir. Une mort à peu près certaine les attendait loin de la patrie, et le nom de la plupart d'entre eux devait rester ignoré. Que de beaux caractères dans une classe qu'on ne louera jamais assez! Nos ennemis l'ont mieux appréciée que nous; ils ont connu que là étaient l'honneur et le bouclier de la France. Vainqueurs, leur premier soin a été de le lui arracher et d'exiger la dissolution de l'armée nationale.

Les étrangers et leurs alliés de France ont complaisamment répété les déprédations exercées sur les vaincus par un petit nombre de chefs militaires. Pendant les premières années de la République, les généraux français ont fait la guerre avec l'austérité et la modération qui convenaient à la noble cause pour laquelle ils avaient pris les armes. La paie était alors de huit francs par mois pour les hauts grades. On ne mangeait à la table du quartier-général d'autre pain que le pain du soldat, et d'autre viande que la viande de distribution.

La conquête de l'Italie changea les mœurs de la tête de l'armée. Ce ne fut pas seulement en mettant les habitudes modestes des vainqueurs en continuel contact avec l'opulence et le luxe des vaincus. L'homme qui voulait se faire roi avait besoin de placer ses camarades dans sa dépendance. Or, on enchaîne les hommes par leurs vices, et, quand ils n'en ont pas, il faut leur en donner. Le voilà donc allumant la soif de l'or, et, pour l'empêcher de s'éteindre, donnant l'exemple des profusions du luxe. Cette combinaison tacite de la part du général en chef Bonaparte devint, au temps du consulat et de l'Empire, un système avoué. Napoléon exigea que les hommes appelés à vivre sur les marches du trône contractassent des habitudes fastueuses en harmonie avec leur situation élevée. Plus d'une fois il leur confia des missions où il leur prescrivait de s'enrichir par des moyens qui, dans les guerres anciennes, avaient eu pour eux l'autorité de grands noms et de grands exemples[1]. Cependant l'immense majorité parmi nos chefs supérieurs a rejeté avec mépris des richesses qui, après tout, ne sont que des dépouilles. Plus de cinq cents officiers-généraux ont eu l'occasion de répéter le refus de ce général de la vieille monarchie, qui ne recevait de présens que du roi son maître. L'histoire a célébré le désintéressement de Bayard, qui convertit en une dot pour la fille de Brescia la bourse remplie d'or qu'un père effrayé étalait devant le vainqueur. Nous ne connaissons pas un seul de nos officiers, de ces braves gens à l'habit usé et à la chaussure percée, qui n'eût fait en pareille circonstance autant que le Chevalier sans peur et sans reproche.

Notre puissance a passé, et les faits parlent.

---

[1] Les généraux du siècle de Louis XIV étaient dans l'usage de faire payer les sauve-gardes qu'ils accordaient pendant la guerre. Villars se vantait de n'avoir jamais rien pris qu'à l'ennemi. Le pavillon d'Hanovre est un témoignage qu'il en était de même sous Louis XV.

Les gouverneurs des royaumes et des provinces envahis sont rentrés dans les rangs des citoyens. Où sont les champs acquis et les palais cimentés avec les larmes des nations ? Peu d'entre eux possèdent un asile où reposer leur tête. L'avoir des autres se compose de ce qui leur reste de largesses accordées sans mesure pour récompenser des services rendus avec un courage et un dévouement aussi sans mesure. Qu'ils viennent donc, les détracteurs intéressés de l'honneur national, et qu'ils disent dans quel pays, après une guerre si longue et si chanceuse, avec une absence totale de contrôle, sous l'influence d'un maître indulgent par nature, et corrupteur par calcul, on eût trouvé si peu de Verrès et tant de Curius.

Le régime de la terreur pesa sur les militaires encore plus que sur les citoyens. Nos chefs furent décimés par la hache du bourreau. Quand les uns tombaient, les autres se serraient pour remplir la trouée, ainsi qu'il arrive dans les bataillons où des files sont emportées par le boulet de l'ennemi. On affrontait sans crainte les hasards d'une responsabilité effroyable ; la vie et la réputation, tout était sacrifié au bien public.

Lorsque l'âpreté révolutionnaire s'adoucit, il n'y eut plus lieu à un dévouement si sublime. Bientôt l'ambition reprit ses allures, et le rétablissement de la monarchie ramena dans la tête de l'armée quelque réminiscence de l'indiscipline qu'on reprochait autrefois aux rangs élevés du militaire français. Le gouvernement eut peine à faire servir sous les ordres l'un de l'autre des officiers-généraux du même grade. Leurs déplorables prétentions firent manquer la réussite de plus d'une opération habilement concertée ; les écarts de la vanité trouvèrent souvent une excuse et même un appui dans la politique du prince nouveau qui, selon le conseil de Machiavel, divisait pour régner.

L'éclat de la dignité et le reflet de la grandeur du monarque plaçaient les maréchaux d'empire à distance des autres officiers-généraux. Au-dessus d'eux s'élevait un homme que le hasard avait conduit près du général Bonaparte en Italie, et qui fut long-temps son confident et son compagnon sur le champ de bataille. Intrépide à la guerre et infatigable à un âge où les autres éprouvent les premières atteintes de la vieillesse, Berthier, à cinquante ans, passait le jour à cheval et la nuit au bureau. C'est lui qui a dirigé avec tant de zèle les détails d'exécution de seize campagnes, dont les premières furent si glorieuses et les autres si funestes. Sa mémoire de noms, de chiffres et de lieux était immense, et l'Empereur l'appelait un état de situation ambulant; la connaissance parfaite du personnage, dont il était chargé de traduire les intentions à peine indiquées, suppléait en quelques points à ce qui lui manquait de vigueur de conception.

Carnot, ministre de la guerre un moment, s'était cru obligé de discuter avec le premier consul l'emploi du sang et des trésors des Français. Son successeur, quoique rempli de probité, et porté par caractère à amortir les coups du despotisme, était un coopérateur plus commode pour un chef qui voulut être compris, et jamais contredit. Le développement de notre puissance militaire ayant rendu trop lourd le fardeau du ministère de la guerre, on en sépara le matériel des armées pour le confier d'abord à un homme de mœurs antiques, le général Dejean, et ensuite au comte Lacuée de Cessac, recommandable par sa patriotique parcimonie. L'artillerie et le génie étaient administrés sous l'inspection des principaux officiers de ces deux armes. La conscription, les revues, l'habillement, formaient des directions spéciales sous des conseillers d'État. Plus tard le maréchal Berthier, devenu prince de Neufchâtel, quitta le ministère, et se renferma dans les fonctions de major-général de l'Empereur. Il emporta avec lui la conduite des opérations militaires et l'avancement, c'est-à-dire tout ce qui avait une influence immédiate sur les événemens. Le ministère de la guerre, mutilé dans ses parties nobles, et dépouillé de ses plus importantes attributions positives, ne fut plus que la besogne d'un commis laborieux.

La révolution ayant bouleversé les anciennes troupes de ligne, les bataillons de volontaires nationaux, levés en 1791 et 1792, furent le noyau de l'armée nouvelle. Dans ces bataillons, les soldats nommèrent leurs officiers. Cela devait être ainsi pour une jeunesse d'élite, arrivant avec des droits égaux. On pouvait prévoir que le choix des pairs mettrait le mérite en évidence. De-là sont venus presque tous les généraux célèbres dont la France s'honore. Après la première campagne, les volontaires furent contraints d'adopter comme profession la carrière où l'élan patriotique les avait jetés par hasard; alors on leur appliqua, dans toute sa latitude, la législation des troupes permanentes. Il fut établi en principe qu'on devait obéir pour apprendre à commander. La règle, qui astreint les militaires à suivre l'un après l'autre les échelons de la hiérarchie, est en effet profitable à la milice; le bras blessé en maniant le mousquet porte plus noblement le bâton de maréchal. Mais le bien a aussi son excès; par exagération de justice républicaine, on conféra exclusivement les emplois à l'ancienneté de service. Cette mesure, dont l'effet immédiat fut de peupler les hauts grades d'ignorans et d'imbécilles, ne résista pas à six mois d'application. On lui substitua trois tours d'avancement : le premier par l'ancienneté de grade, le second par la désignation des officiers, le troisième par la promotion du gouvernement. La précipitation forcée des remplacemens réduisit ensuite les différens modes à un seul, la nomination de l'Empereur sur une liste triple présentée par le colonel. Dans les dernières années, la consommation en officiers et en sous-officiers fut si énorme, qu'on avait peine à trouver des sujets pour remplir les vacances.

Tout soldat sachant lire et écrire, exerçant sur ses camarades une puissance quelconque d'opinion, et qui ne sourcillait pas à l'approche du danger, était sûr d'arriver, si la mort lui en laissait le temps.

Dans l'intérêt de sa puissance absolue, autant que pour former des successeurs aux généraux de la révolution, Napoléon institua les prytanées, les lycées et les écoles militaires. Là furent mêlés ensemble les enfans des riches et les fils indigens des défenseurs de la patrie. Plusieurs rejetons des familles de l'ancienne noblesse vinrent y désapprendre l'afféterie de l'éducation domestique. On vit renouveler à Fontainebleau et à Saint-Cyr les exercices des rives de l'Eurotas et du Champ-de-Mars. Les privations des camps, les bivouacs, les marches forcées n'étaient ensuite que la continuation d'un dur noviciat. L'École-Militaire impériale fut une pépinière d'excellens officiers. Il n'en sortait pas de bons citoyens : on s'étudiait à fausser les idées de la jeunesse et à donner un essor indiscret aux passions. Jamais le nom de liberté, rarement le nom de patrie, retentissait à l'oreille des élèves; l'obéissance aveugle aux caprices du prince leur était enseignée comme le premier devoir d'un Français.

Les officiers envoyés des écoles étaient en très-petit nombre relativement à ceux qui parvenaient par la filière des grades. Napoléon permettait le moins possible que le sort des hommes de guerre dépendit des gens de bureau. A Paris ou en voyage, il déléguait la nomination subalterne aux généraux en chef et aux gouverneurs de places fortes. A l'armée, il nommait lui-même, et presque toujours la veille ou le lendemain d'une bataille, en passant la revue sur le terrain. Les absens, pour quelque motif que ce fût, étaient irrémissiblement remplacés. Napoléon demandait avant tout, même pour les grades les plus élevés, la santé et la jeunesse. Sur ce dernier point il commençait à devenir moins exigeant, et ceux qui avaient présente la date du 15 août 1769, prophétisaient que, vers l'année 1819, un officier-général de cinquante ans serait censé avoir l'âge de tout le monde.

Quand en 1792 le territoire national fut affranchi de la présence des ennemis, la Convention reconnaissante avait décrété que des biens-fonds de la valeur d'un milliard seraient retirés du domaine public, et distribués à l'armée. Le destructeur de la République accomplit en quelque sorte cette promesse de ceux qui l'avaient fondée. Il rendit meilleure la condition de l'officier et du soldat retirés du service. Un décret impérial réserva aux militaires blessés, tous les emplois civils qu'ils pouvaient raisonnablement remplir. Le brave en expirant au champ d'honneur n'éprouvait pas d'inquiétude sur le sort de ceux qui restaient après lui. L'Empereur était là pour secourir la veuve et servir de père aux orphelins.

La Légion-d'Honneur fut créée. La nation, éblouie par cette brillante auréole qui embrassait tous les genres de gloire, n'aperçut pas le dédale où la faisait entrer ce premier retour à des institutions qu'avait proscrites l'esprit d'égalité. Les titres et les dotations héréditaires devinrent aussi le prix de la valeur. L'ordre de la Réunion et les Trois-Toisons vinrent ensuite. A chaque campagne un aiguillon nouveau ranimait le dévouement. Mais des récompenses accordées aux soldats, aucune ne les électrisait comme de voir et d'entendre l'Empereur.

Napoléon avait à trente ans l'attitude imposante du vieux Frédéric. Il parcourait les rangs à pied et lentement. Les grands de la cour et de l'armée se tenaient derrière à un long intervalle, afin qu'il n'y eût pas d'intermédiaire entre l'Empereur et les soldats. Chacun l'approchait librement et lui racontait l'histoire de ses griefs et de ses prétentions. Il voyait tout, répondait à tout, et faisait droit sur-le-champ aux réclamations fondées, même à celles qui ne l'étaient pas. A l'air enjoué de son visage, on connaissait qu'il était en famille. Dans ces jours solennels, les grâces pleuvaient sur les braves, et les leçons de la discipline sur les généraux, quelquefois sur les colonels, jamais au-dessous. On manœuvrait, et toujours Napoléon apprenait aux plus habiles quelque secret nouveau. Après la revue, on redisait dans le camp les oracles sortis de la bouche du maître de l'art. On savait par cœur les brûlantes proclamations, où si peu de mots renfermaient de si héroïques présages. A l'approche du danger, ce qu'on sentait pour lui était plus que l'admiration; on lui rendait un culte comme au Dieu tutélaire de l'armé.

Les bienfaits accordés à l'armée ne portèrent pas d'atteinte directe au régime de la cité. Excepté dans les cas très-rares de révolte, il n'y a pas d'exemple sous le gouvernement impérial que les chefs militaires aient commandé en France à d'autres qu'aux soldats. Le pouvoir terrible de la Convention avait donné aux soldats un respect mêlé de crainte pour l'autorité civile. L'écharpe tricolore du représentant du peuple imposait bien plus que les insignes des généraux. La nouvelle organisation administrative avait enlevé aux gouverneurs des villes et des provinces, la haute police dont ils étaient investis dans l'ancien régime. Napoléon, en rétablissant les officiers-généraux dans leurs droits honorifiques, ne leur rendit pas cette attribution. Là où un préfet décidait arbitrairement des intérêts et même de la liberté des citoyens les plus marquans, le général, eût-il été surchargé de témoignages de la faveur du souverain, n'aurait pu faire arrêter un coupable obscur. Dans le conflit assez fréquent entre l'autorité militaire et l'autorité civile, on donnait presque toujours raison à la dernière. Probablement le pouvoir n'y perdait rien, et les administrateurs de tous les étages, les auditeurs, les agens de police remplissaient ses intentions mieux que ne l'eussent fait les grenadiers et les hussards; au moins est-il constant que notre armée n'avait pas d'action sur le peuple, et que le despotisme des derniers temps n'était pas un despotisme militaire.

La crainte, considérée comme principe de l'ordre, était un mobile à peu près inconnu au grand nombre de nos soldats. Ils étaient traités, dans la plupart des régimens, avec une douceur extrême; on n'y employait pas les punitions corporelles, que l'opinion de notre nation réprouve, et qui ne peuvent être infligées de sang-froid que dans les pays où les battans se croient d'une espèce supérieure aux battus. La gendarmerie, tant redoutée dans l'intérieur de l'empire, perdait aux armées sa vertu terrifiante; le pouvoir de juger était passé des mains du commissaire des guerres à des fonctionnaires de l'ordre civil, et de ceux-ci à des conseils permanens, pour les délits ordinaires, et à des commissions temporaires pour quelques cas spéciaux. On convoquait rarement les conseils de guerre, et plus rarement encore ils tiraient du fourreau le glaive de la loi; la justice militaire manquait de solennité.

Cependant la subordination régnait dans notre armée, autant et plus peut-être que dans aucune autre armée de l'Europe. C'est qu'à peu de chose près, les inégalités de position y étaient en harmonie avec les inégalités naturelles, et que les Français possèdent un sentiment exquis de ce qui est raison et convenance. Le régime impérial introduisit parmi les chefs une dureté, qui paraissait dans les formes générales du gouvernement, mais qui n'était pas dans l'humeur de l'Empereur. Cette précision, cette dureté fut un moyen de discipline substitué à la rigidité républicaine.

L'ancienne armée royale de France était composée de deux classes distinctes : les soldats condamnés à tout mériter sans rien obtenir, et les officiers appelés à envahir les grades sans avoir pris la peine de les gagner. Cette dernière classe se subdivisait en noblesse de province et en noblesse de cour. L'une fournissait un certain nombre de militaires appliqués au métier, et beaucoup d'amateurs pour qui le service était un simple passe-temps. L'autre peuplait les régimens de colonels imberbes et les états-majors de généraux de salon. Entre hommes placés sur des terrains si différens, que séparaient des obstacles infranchissables, il pouvait y avoir communauté de danger, jamais communauté d'opinions et d'intérêts. Cette armée était encline à la désertion à l'étranger, et prompte à se mutiner. En temps de paix, on n'eût pas retardé impunément la distribution des vivres ou de la solde, et l'on craignait de faire manœuvrer les troupes le 31 du mois, parce que ce jour-là elles ne recevaient pas de paie. A la guerre, les soldats passaient pour être fougueux dans l'attaque, mais pour tomber bientôt après dans la langueur. La révolution éclata : les officiers, dépouillés tout-à-coup de la considération que donnait la naissance, restèrent sans autorité et sans crédit, au milieu des passions exaltées ; les bas-officiers n'eurent ni la volonté ni la force de maintenir la discipline ; les soldats dénoncèrent, injurièrent leurs chefs, et ne retrouvèrent les vertus de leur état qu'en passant sous un nouveau drapeau.

Depuis ce temps-là nos soldats étaient mieux nés, puisqu'ils n'étaient autres que la jeunesse française tout entière, et nos officiers mieux élevés, attendu qu'aucun soin frivole ne les troublait dans l'étude de leur art et dans l'accomplissement de leurs devoirs. L'armée se recrutant avec des jeunes gens de dix-neuf et vingt ans, et l'avancement dans les corps étant dévolu à l'ancienneté ou à la qualité des services, il arriva bientôt que du caporal au colonel, l'âge ou le mérite qui y supplée furent généralement en raison du grade. L'institution de l'École-Militaire n'y changea rien, car le nombre de sous-lieutenans qu'elle fournissait était peu considérable relativement à la force de l'armée. Les subordonnés voyaient dans le chef leur ancien et le professeur du métier; ils respectaient son expérience et se confiaient dans ses lumières; la fraternité demeurait intime entre hommes partis du même niveau, et pourtant l'obéissance ne connaissait pas de restrictions envers ceux qui commandaient, parce qu'ils étaient les plus dignes. L'armée formait une masse homogène et indivisible. Du conscrit enrôlé depuis six mois, on arrivait au maréchal d'empire sans rencontrer de passage heurté dans la manière de voir et de sentir. Les fils de notre France ont surpassé dans les batailles l'impulsion soudaine de leurs devanciers, et on ne les a pas vus se décourager devant les obstacles ; cependant les mêmes hommes ont bivouaqué aux Cataractes du Nil et dans les plaines glacées de Moscou. On a pu les priver de vêtemens et de solde pendant une année, sinon sans entendre leurs murmures, du moins sans encourir la révolte. Rangés sous les drapeaux par l'effet de la contrainte légale, ils accouraient en foule, dès qu'ils en trouvaient l'occasion, aux foyers paternels ; très-peu d'entre eux, même dans la dernière détresse, ont abjuré la patrie pour passer à l'ennemi.

Si une pareille armée venait à périr, elle périssait entière, avec ses officiers, ses généraux, ses aigles ! Quelque jugement qu'on porte sur sa conduite politique, on la proclamera fidèle à sa renommée jusqu'au dernier moment, et la France ne reprendra rang entre les nations, qu'en rassemblant avec soin les débris de ses illustres bandes, ou en créant une autre milice d'après le principe d'organisation de la première.

Un philosophe interpella les docteurs des chrétiens, des juifs et des musulmans, de déclarer quelle doctrine serait la leur s'ils n'étaient pas nés chacun dans le sein d'une religion positive. Tous répondirent : La doctrine de Socrate et de Platon. Leur unanimité conduisit le philosophe à reconnaître la prééminence de la morale naturelle sur les dogmes révélés. Demandez à un Anglais, à un Allemand, à un Russe quels sont les meilleurs soldats du monde, chacun dira : Les nôtres, et ensuite les Français. A nombre égal, et pourvue de la même quantité de moyens matériels pour agir, il n'est donné à aucune armée de balancer, en campagne, la supériorité d'une armée française composée d'élémens nationaux, et commandée d'après la désignation populaire. D'autres attendent mieux la mort : ils ne vont pas la chercher plus gaiement que nous. Où trouverez-vous ailleurs des soldats que la gloire console du malaise et de la faim, qu'un regard, une parole précipitent dans le danger? L'Europe a vu la célérité de nos mouvemens de stratégie et de tactique, et elle a été saisie d'épouvante; car le secret de la guerre est dans les jambes. Mais si les Français marchent vite et long-temps, quoique petits et portant de lourds fardeaux, ce n'est pas seulement parce qu'ils sont bien conformés, et qu'ils mangent beaucoup de pain [1], c'est qu'ils

---

[1] Les soldats qui mangent le plus de pain et le moins de viande sont en général plus musculeux et marchent plus vite et plus long-temps que les autres. En établissant une échelle graduée de l'aptitude des différentes ar-

excellent par leur moral [1]. L'esprit et le sentiment les font aller au-delà des forces physiques, à la différence des peuples sans passion et des bêtes de somme, qui, après un temps donné, succombent sous une certaine charge. Que de fois n'avons-nous pas vu nos fantassins, presque engloutis dans les marais et les fondrières, s'encourager à en sortir, en se disant

mées de l'Europe sous ce rapport, on trouverait aux deux bouts opposés le Français qui a besoin en campagne de deux livres de pain par jour et le Hollandais à qui moins d'une demi-livre suffit, s'il peut y joindre un morceau de bœuf et des légumes.

[1] Cette expression, appliquée à une armée, est toute française, et n'a d'équivalent dans aucune autre langue. Le colonel Henri-Auguste Dillon, dans son ouvrage sur les établissemens militaires de l'empire britannique, *A Commentary on the military establishments and defence of the british empire* (tome 1er, page 137), dit, en parlant des troupes destinées à protéger l'Angleterre contre l'invasion, qu'elles posséderont ce que les Français appellent *tout le moral d'une armée;* et, pour expliquer sa pensée, il ajoute qu'elles seront animées du courage le plus franc produit par le patriotisme le plus pur.

les uns aux autres les motifs de la marche forcée : motifs que le chef était intéressé à tenir secrets, et que leur perspicacité avait devinés! Le canon se faisait entendre; l'ennemi se montrait; soudain la fatigue était oubliée. On se pressait, on courait; pour vaincre, nos jeunes soldats étaient toujours frais et reposés [1].

[1] Un officier-général[*] marchait dans la Biscaye et poursuivait un corps de troupes espagnoles qui échappait toujours, parce que ses chefs avaient une parfaite connaissance des montagnes, et parce qu'il était protégé par les habitans. Le général français avait fait marcher les soldats pendant la nuit et pendant toute la journée suivante; les soldats murmuraient : « Où nous mènera-t-il? On voit bien qu'il est sur un bon cheval; il ne sait pas que nous sommes à pied. » Le soleil allait se coucher; on sort des montagnes, et on arrive au bord de la mer. « Il était temps que le jour et la terre finissent, disent les vieux soldats en rechignant, sans quoi on nous ferait encore marcher. » Tout-à-coup on aperçoit le corps espagnol; la fatigue est oubliée. Il y avait plus d'une heure à courir pour l'atteindre. Le général eut plus de peine à arrêter les soldats qu'il n'en avait eu auparavant à les exciter. Courir aux Espagnols, les atteindre, les prendre...., tout cela fut fait avant la nuit.

[*] C'était le général Foy.

Ces qualités brillantes constituent une nation essentiellement belliqueuse. De-là à une nation conquérante, la distance est grande. Attila montrait du doigt à ses Huns les murs du Capitole. Tous s'y précipitaient, attirés par un air doux à respirer, de belles femmes à posséder, et un riche butin à partager. Depuis qu'une civilisation plus avancée a amené des idées plus justes sur les obligations de la milice et sur l'exiguité des droits que confère la victoire, il n'y a plus de parité entre les calamités et les profits du métier. Pour les soldats comme pour les citoyens, la guerre sans fin est contre nature. Aussi, Napoléon seul a voulu conquérir le monde. Pas un Français n'a été son complice. Ses admirateurs les plus passionnés avaient retranché leur ambition bien en dedans du cercle de ses espérances insensées. Hormis quelques jeunes officiers sortis hier des écoles, il n'y avait pas dans l'armée un être pensant qui ne fût pénétré de douleur en voyant, après tant de guerres, entreprendre encore des guerres nouvelles. Les soldats n'avaient pas à tous les momens le transport au cerveau. Dans le calme, un attrait invincible les rappelait vers la patrie. Ce n'était pas seulement l'enfant de Paris à qui l'abstinence du bivouac faisait regretter l'abondance de la ville natale. Nous entendions sans cesse nos conscrits maudire avec imprécations les riantes vallées de la Lusitanie et cette heureuse Bétique où les anciens ont placé leurs Champs-Elysées, s'y regarder comme en exil, et, par esprit d'opposition, porter aux nues, dans leurs discours, les agrémens pittoresques de la Sologne et la fertilité de la Champagne pouilleuse. Combien, en recevant le coup qui les mutilait, se sont écriés : « Tant mieux, je » reverrai encore mon père et ma mère! » Presque tous les officiers-généraux avaient une femme et des enfans, car l'Empereur encourageait les mariages. Aux obsessions dont on le fatiguait pour obtenir le congé de passer quelque temps en France, il répondait d'ordinaire par des refus et des bienfaits. Les refus étaient positifs, les bienfaits se sont trouvés illusoires. Même aux jours de nos prospérités, que servaient les terres et les châteaux à des hommes condamnés à passer les nuits sur la dure, sans autre abri que la voûte du ciel? Et puis ces terres, ces châteaux étaient aux confins de la Pologne, sous la portée du canon des Russes, ou dans les sables du Hanovre, prêts à être revendiqués à la première inconstance de la victoire. Cependant, le peuple, trompé par tout cet appareil de dotations, imaginait injustement que le seul but d'une guerre perpétuelle était d'enrichir ceux qui la faisaient.

Après avoir décrit les habitudes et les inclinations de nos guerriers, nous allons mettre en évidence les rouages de la machine organisée pour combattre. L'armée date, ainsi que nous l'avons dit, de l'amalgame des volontaires nationaux avec les anciennes troupes de ligne. Cette excellente opération fonda notre puissance militaire, et laissa peu à faire à ceux qui vinrent ensuite.

Les officiers-généraux quittèrent les dénominations vagues de lieutenant-général et maréchal de camp pour prendre celles de général de division et de brigade, qui exprimaient avec exactitude l'étendue du commandent de chacun. Les corps d'infanterie, forts de trois bataillons, s'appelèrent demi-brigades, parce qu'on les considérait dans leurs rapports avec la brigade. Napoléon jugea qu'un entier ne devait pas être désigné par une indication fractionnaire. Il rétablit le nom de régiment et il rendit aux chefs celui de colonel.

Les régimens de toute arme étaient distingués entre eux par des nombres. Plusieurs périrent dans les expéditions coloniales qui suivirent la paix d'Amiens. L'Empereur voulut que les numéros restassent vacans. Les corps qu'on créa postérieurement prirent l'ordre de bataille à partir du dernier de leur arme. Par ce moyen l'armée française paraissait aux étrangers plus nombreuse qu'elle ne l'était réellement.

Commençons par l'organisation de l'infanterie qu'un écrivain a si bien appelée *cette nation des camps*[1]. Cette expression lui fut sans doute inspirée par les guerres de la révolution, et elle s'applique à notre armée française avec toute justesse.

Le bataillon d'infanterie était de neuf compagnies, y compris celle de grenadiers. Napoléon l'augmenta d'une autre compagnie d'élite, les voltigeurs. Ce fut une idée heureuse que de rehausser dans l'estime publique les hommes de petite taille, qui en général sont les plus intelligens et les plus alertes. Les voltigeurs constituèrent la véritable infanterie légère de France, en ce sens qu'on leur fit faire habituellement le service de tirailleurs. Les régimens dits d'infanterie légère n'en avaient que

---

[1] *Des Communes et de l'Aristocratie*, par M. de Barante.

le nom, car ils étaient composés, armés, exercés comme le reste de l'infanterie.

Un décret impérial, rendu avant la guerre d'Espagne, réduisit les bataillons à six compagnies et mit cinq bataillons dont un de dépôt dans chaque régiment. Cette coupe du bataillon en six fractions cadrait mal avec l'ordonnance de manœuvres; elle diminuait la valeur réelle des soldats d'élite à force d'en augmenter le nombre, et les compagnies du centre s'épuisaient à tenir toujours complètes les compagnies de grenadiers et de voltigeurs. Mais Napoléon ne faisait rien d'inutile; il lui importait d'avoir beaucoup de cadres afin d'y répartir avec plus de facilité les produits de la conscription, et d'instituer plus rapidement les soldats pour la guerre. Un bataillon défait en bataille ou par suite de la campagne, versait dans les bataillons mieux conservés les hommes qui lui restaient. Le cadre, composé seulement des officiers et des sous-officiers, allait en France se remplir des recrues que les levées avaient amassées; il y avait un jeu de navette continuel du dépôt à l'armée et de l'armée au dépôt. Le peu d'éclat de ces mouvemens partiels servit souvent à renforcer sans être aperçu tel point des lignes d'occupation, d'où la politique de l'Empereur devait bientôt faire partir l'offensive. Alors les deux premiers bataillons d'un corps servaient dans une armée avec l'aigle et le colonel, et les deux autres bataillons de campagne commandés par le major formaient ailleurs un numéro *bis*. L'Europe s'étonnait d'entendre retentir en même temps les exploits du même régiment sur des théâtres de guerre distans l'un de l'autre de plusieurs centaines de lieues.

Nous ne parlerons pas des formations accidentelles auxquelles ont donné lieu l'universalité et la précipitation des opérations militaires. Elles figurent comme exceptions à la règle; et les corps hors ligne ont été plus tôt ou plus tard fondus dans les autres.

Les Français, non plus que les Romains, ne dédaignaient pas d'imiter ce qu'il y avait de bon dans les usages de leurs adversaires. Ainsi ont été introduites chez nous, l'une après l'autre, presque toutes les parties de l'habillement des troupes autrichiennes. Le bivouac a enseigné à connaître le prix de la capotte ; une coiffure ronde et solide a remplacé le chapeau à trois cornes dont la forme était si ridicule et la matière si destructible. L'habit a été raccourci, et les revers d'un vain ornement qu'ils étaient sont revenus à leur destination première, de couvrir d'une étoffe double la poitrine et le bas-ventre. Les ligatures qui comprimaient les articulations ont disparu. On a demandé de l'ampleur au pantalon et aux autres pièces du vêtement. Le brodequin n'a pu être naturalisé dans notre infanterie ; elle a donné la préférence au soulier et à la guêtre, faisant corps ensemble par le moyen de l'indispensable sous-pied.

L'Empereur avait cédé aux instances qui lui furent faites pour changer la couleur du fond de l'uniforme. On faisait valoir l'économie qui résulterait pour l'État d'avoir moins d'indigo à demander aux Anglais. Dans la campagne de 1806 quelques régimens prirent le blanc. Les soldats y montrèrent de la répugnance ; ils regrettèrent l'habit sous lequel depuis dix-sept ans ils étaient accoutumés à faire trembler les ennemis. Napoléon ne tarda pas à revenir aux couleurs nationales.

Dès l'année 1794, dans le temps de l'aversion la plus effrénée pour les traditions et les méthodes anciennes, on vit notre jeune armée, commandée par des hommes nouveaux échappés des études et des comptoirs, défaire la réputation des vieilles armées et des vieux généraux. On voulut alors analyser les causes de nos succès. Les étrangers en attribuèrent l'honneur au feu de l'infanterie légère [1], parce que les ti-

[1] Le général prussien Bulow écrivait, en 1795, que « l'emploi de l'infanterie légère est le dernier perfectionnement de la guerre, et qu'à la rigueur on pourrait désormais se passer d'infanterie de ligne dans les armées. »

railleurs, dont l'emploi était rare et le nom presque inconnu dans les guerres précédentes, étaient multipliés et prodigués dans celles-ci. Les nationaux, au contraire, ne lisant dans les bulletins de la Convention que bataillons en masse, lignes enfoncées, redoutes assaillies au pas de charge, crurent ingénument que les fusils et les canons avaient perdu leur vertu,' et que tout s'emportait avec la baïonnette.

Ces deux opinions, diamétralement opposées en apparence, n'étaient ni l'une ni l'autre dépourvues d'un fond de vérité. Encore que les

---

Voyez l'ouvrage intitulé : *Esprit du Système de guerre moderne,* par un ancien officier prussien ; traduit par Tranchant-Lavesne (pages 78 et 87).

On disait aussi en Angleterre que « le continent avait été subjugué par les tirailleurs français, et l'on croyait qu'ils gagnaient les batailles en tuant les uns après les autres les officiers de l'armée ennemie. » C'est ainsi qu'en parle le colonel Robinson dans un écrit intitulé : *A Letter to a general-officer on the establishment of rifle corps in the british army.*

hommes exercés à l'usage des armes à feu fussent en plus grand nombre dans les premiers bataillons de volontaires que parmi les conscrits de Napoléon, ni les uns ni les autres ne se distinguaient par la justesse du tir; et on leur a quelquefois reproché avec raison de consommer les munitions inutilement. Mais le genre de combat qui favorisait le plus grand développement des facultés individuelles, était éminemment assorti à l'esprit remuant et au courage d'attaque propre à notre nation. Nous avions presque toujours l'offensive; c'était la conséquence du mouvement de l'opinion patriotique et de la sévérité de ce Comité de salut public qui envoyait à l'échafaud les généraux inactifs comme les généraux battus.

On entamait l'action avec des nuées de tirailleurs à pied et à cheval; lancés suivant une idée générale plutôt que dirigés dans les détails des mouvemens, ils harcelaient l'ennemi, échappaient à ses masses par leur vélocité, et à l'effet de son canon, par leur éparpillement. On les relevait afin que le feu ne languît pas; on les renforçait pour les rendre plus efficaces.

Il est rare qu'une armée ait ses flancs appuyés d'une manière inexpugnable; d'ailleurs toutes les positions renferment en elles-mêmes, ou dans l'arrangement des troupes qui les défendent, quelques lacunes qui favorisent l'assaillant. Les tirailleurs s'y précipitaient par inspiration, et l'inspiration ne manquait point dans un pareil temps et avec de pareils soldats. Le défaut de la cuirasse une fois saisi, c'était à qui porterait son effort. L'artillerie volante (on appelait ainsi les pièces servies par des canonniers à cheval) accourait au galop et mitraillait à brûle-pourpoint. Le corps de bataille s'ébranlait dans le sens de l'impulsion indiquée : l'infanterie en colonnes, car elle n'avait pas de feu à faire; la cavalerie intercalée par régimens ou en escadrons, afin d'être disponible partout et pour tout. Quand la pluie des balles et des boulets de l'ennemi commençait à s'épaissir, un officier, un soldat, quelquefois un représentant du peuple entonnait l'hymne de la victoire. Le général mettait sur la pointe de son épée son chapeau surmonté du panache tricolore, pour être vu de loin, et pour servir de ralliement aux braves. Les soldats prenaient le pas de course; ceux des premiers rangs croisaient la baïonnette : les tambours battaient la charge; l'air retentissait des cris mille et mille fois répétés : « En avant!... en avant!... Vive la République!... »

Pour résister aux enfans de la patrie, il eût fallu être aussi passionné qu'eux-mêmes. Nous avions affaire à des armées allemandes, froides, désintéressées dans la querelle, commandées par des généraux sexagénaires. Bientôt nous sûmes, aussi bien que les Prussiens et les Autrichiens, tout ce qui s'apprend, et ils ignoraient complètement ce qui se devine. Rarement leurs lignes se laissaient atteindre. Il suffisait, pour l'acquit de leur conscience, que les ailes fussent tournées ou seulement dépassées : alors, leurs bataillons si laborieusement alignés se mettaient à la débandade. Les uns jetaient leurs fusils à terre pour fuir plus vite; les autres, ne répugnant pas à visiter le bon pays de France, aimaient mieux être prisonniers que risquer de se faire tuer [1]. Nos fantassins, hauts de cinq pieds, ramenaient par centaines les colosses d'Allemagne et de Croatie. Nos chasseurs à cheval s'emparaient du canon et des équipages mal attelés. Les fuyards devaient leur salut à la bonne contenance de leur cavalerie alors supérieure à la nôtre; quelquefois à la disposi-

---

[1] Les Français ont été humains, miséricordieux envers les prisonniers. Le degré de liberté et de bien-être qu'on leur a accordé contraste avec l'esclavage et le malaise des prisonniers français à l'étranger. Que l'on compare Verdun aux pontons de Plimouth!... Au reste, des mauvais traitemens des étrangers il était résulté un avantage qui s'accordait avec les vues de l'Empereur; il n'aimait pas qu'on fût prisonnier, les soldats français n'aimaient pas à l'être. La facilité à se rendre prisonniers a été dans la guerre une grande source de maux pour les armées allemandes : tel soldat autrichien a été prisonnier trois ou quatre fois en France.

tion des réserves, plus souvent à la mollesse de nos poursuites, conséquence nécessaire du décousu de nos attaques.

L'habitude de ce genre de succès conduisit nos généraux à croire que déborder l'ennemi, c'était l'avoir vaincu. Le principe admis, il en résultait, comme conséquence nécessaire, qu'on ne pouvait jamais trop s'étendre. Aussi, pendant les campagnes du Rhin, en 1795 et 1796, fit-on la guerre offensive avec des armées partagées en plusieurs divisions, lesquelles opéraient sur plusieurs routes parallèles, à une ou deux marches les unes des autres, et la plupart du temps, sans autre réserve que quelques régimens de cavalerie. Bonaparte vint, et les victoires d'Italie renversèrent un système vicieux. On apprit à son école qu'on devait disséminer les troupes loin de l'ennemi, seulement pour leur procurer des vivres et du repos; mais que toutes les fois qu'on voulait combattre, il fallait marcher assez réunis pour engager simultanément des masses sur les points où on était résolu de porter le principal effort.

Ce perfectionnement dans l'application des règles de la guerre se lia plus tard à d'importantes considérations morales. Napoléon n'était pas homme à se faire illusion sur les causes de la supériorité de nos armes. Son esprit ne s'arrêtait pas à la surface des choses; il connaissait trop bien le cœur humain, il avait trop bien la conscience de ses propres desseins, pour compter sur la continuité de miracles qu'avait produits l'impulsion républicaine. Le pouvoir absolu allait éteindre l'amour de la patrie; le dévouement devait s'user; les braves et les habiles périraient les premiers : ceux qui viendraient après eux leur seraient inférieurs en énergie et en talens; car la révolution était passée, et des temps réguliers il ne sort pas des hommes extraordinaires. En même temps, il était clair qu'en guerroyant sans relâche, les adversaires, battus aujourd'hui, apprendraient du vainqueur à résister demain. A force de courir le monde, on pourrait rencontrer des ennemis sur le moral desquels on n'aurait plus de prise. Il fallait donc que Napoléon fît dépendre la victoire de l'emploi calculé des forces, et la France fut obligée de recourir à la fixité des méthodes pour que la fortune restât fidèle à son drapeau.

L'ÉDUCATION des troupes fut refaite dans les stations militaires des côtes de l'Océan, sous les yeux de l'Empereur, et l'esprit militaire subit un changement analogue à la nouvelle direction politique. L'ennemi était assez près pour tenir les soldats en haleine, et pas assez dangereux pour les distraire de leurs occupations. Cet état mélangé de paix et de guerre, si différent de la vie monacale des casernes et de la frivolité des garnisons, produisit des changemens notables dans les mœurs de l'armée. On fit remuer de la terre aux soldats, malgré leur aversion pour ce genre de travail modéré et continu, et on les exerça soir et matin aux évolutions de la tactique. Une louable émulation se mit parmi les colonels à qui aurait les régimens les mieux tenus et les meilleurs manœuvriers.

Les officiers-généraux apprirent à mouvoir une brigade, une division, un corps d'armée, au son de la voix et avec la précision familière au chef de bataillon expérimenté qui tient sa troupe dans la main et en fait ce qu'il veut. Ce n'était pas une innovation insignifiante que de mettre dans un contact plus intime les soldats et les chefs appelés à les conduire à la victoire. Le réglement des manœuvres d'infanterie de 1791 est un modèle de concision et de clarté. Il resta pour les subalternes le livre de la loi; mais les chefs s'accoutumèrent à en varier l'application suivant les besoins de la guerre. C'est ainsi que fut adopté l'usage de faire front et de combattre par le troisième rang comme par le premier. Souvent les mouvemens se faisaient sur deux rangs pour montrer que le troisième n'est qu'une réserve destinée à soutenir et consolider les deux autres. Le carré que les Arabes avaient appris aux Français en Égypte, devint une formation fondamentale. On recommanda le feu successif par rang, comme le meilleur à employer contre la cavalerie, parce qu'il n'a pas les intervalles sans défense du feu de bataillon, et parce qu'il se combine mieux que le feu de file avec les dispositions à l'arme blanche.

Jamais la France n'eut une armée plus formidable. Sans doute les braves qui, dans les trois premières années de la guerre de la liberté, sortirent huit cent mille de dessous terre au cri de la patrie en danger, avaient plus de vertu; mais les guerriers de 1805 unissaient plus d'expérience à un entraînement presque égal. Tous hommes nouveaux, tous enfans de leurs œuvres, tous étaient les parvenus de la gloire. L'esprit aristocratique des salons n'avait encore gangrené personne. Chacun, suivant son grade, savait mieux qu'en 1794 ce qu'il était chargé de faire. L'armée impériale était plus savamment ordonnée, plus abondamment pourvue d'argent, de vêtemens, d'armes et de munitions, que ne l'avaient été les armées de la République. Le même œil l'inspectait, le même bras la maniait, le même esprit la dirigeait, et c'était l'œil, le bras, l'esprit du grand général et du maître.

Napoléon ne voulait qu'une seule infanterie, parce que la même est bonne à tout : c'est l'opposé pour la cavalerie. On a besoin d'armes, d'équipemens, de chevaux différens, suivant les différens usages qu'on veut en faire. Il s'appliqua à rendre plus distinctes les nuances de ce service. La grosse cavalerie fut réduite à la quantité indispensable pour son emploi, borné aux batailles rangées. Elle eut des cuirasses. On s'étonne depuis long-temps de ce que les souverains ne donnent pas quelques pièces de l'armure défensive à tous les soldats qui combattent à cheval.

Les dragons, production amphibie d'un siècle où le feu n'était pas encore perfectionné, furent presque désorganisés pour l'expédition d'Angleterre : on en démonta une partie ; ce qui procura, au lieu de bons cavaliers, une légère augmentation d'infanterie médiocre et coûteuse. Remis à cheval, ils ont fourni à eux seuls presque tout le service de la cavalerie dans la guerre de Portugal et d'Espagne. Dans les dernières années du gouvernement impérial, plusieurs régimens de dragons furent convertis en lanciers. Montécuculli appelle la lance la reine des armes blanches; elle est en effet la plus meurtrière entre les mains du cavalier, parce que c'est celle qui atteint le plus loin.

Les chasseurs à cheval et les hussards, qui n'en diffèrent que par quelques modifications dans l'uniforme, ont été les plus faciles à monter, à recruter et à dresser. Ils ont aussi rendu le plus de services à la guerre. Napoléon en augmenta le nombre. L'armée de ligne avait en 1807 deux régimens de carabiniers, douze de cuirassiers, trente de dragons, vingt-quatre de chasseurs, dix de hussards, en tout soixante-dix-huit cadres de cavalerie.

Les troupes à cheval conservèrent plus long-temps que les troupes à pied la physionomie monarchique. La révolution leur fit moins de bien. Pendant les premières campagnes, nous avions peine à lutter contre les cuirassiers allemands, les dragons wallons et les hussards hongrois. Nous présentions rarement de gros corps de cavalerie sur le terrain, et quand nous le faisions, c'était le plus souvent à notre désavantage.

Napoléon fit peu de changemens au régime intérieur des troupes à cheval. Les vicissitudes de la guerre le contraignirent souvent à former à la hâte, avec des hommes et des chevaux neufs, des escadrons et des régimens provisoires. Cependant la cavalerie n'est pas si facile à improviser que l'infanterie. Comme on cultive avec des bœufs la plus grande partie de notre sol, les Français ne naissent pas cavaliers, et ils ont peine, à cause de leur vivacité inquiète, de s'identifier avec le cheval.

D'après ces vices organiques, on devait craindre que la cavalerie n'allât en déclinant. Le contraire est arrivé. Voici pourquoi : La conquête avait rendu les remontes plus faciles, et procurait de plus belles races de chevaux. Les troupes à cheval éprouvaient moins de pertes que les troupes à pied, et les anciens cadres auxquels on ramenait toujours les organisations provisoires restaient plus riches en vieux soldats. Les jeunes gens de famille, qui ont tant de peine à se faire à la vie austère du fantassin, fournirent en peu de temps des hommes de cheval lestes, ardens et bien montés. Mais ceci est insuffisant pour expliquer l'essor inespéré de notre cavalerie. La cause principale fut dans le système adopté par Napoléon pour la conduite de cette arme à la guerre.

Avant son règne, quelques régimens de cavalerie pesante servaient de réserve à chaque armée. Le reste était éparpillé dans les divisions d'infanterie. L'Empereur constitua en brigades et en divisions non-seulement les cuirassiers et les dragons; mais encore les chasseurs et les hussards. Bien plus, il a réuni plusieurs divisions ensemble pour en composer des masses plus fortes, qui ont reçu le nom bizarre de *corps d'armée de cavalerie*. Cet arrangement a fait perdre des à-propos audacieux et décisifs. Il est même arrivé que trois mille chevaux réunis n'ont pas fait ce qu'on aurait obtenu avec trois cents, parce que le chef a voulu garder ses trois mille chevaux ensemble pour le moment et le terrain qui permettraient de les mettre en action tous à la fois. La rivalité des deux armes les a quelquefois empêchées de s'entr'aider. Les bataillons dépourvus d'éclaireurs ont marché à l'aveugle, et des efforts ont été sans résultat, faute de quelques pelotons d'hommes à cheval à lancer sur l'ennemi en déroute.

En compensation de ces inconvéniens, dont la plupart disparaîtraient devant l'application moins exclusive de ce système, se sont présentés des avantages considérables. La cavalerie a été mieux conservée, parce que dans les marches et les cantonnemens on ne l'a plus asservie au pas, aux haltes, aux habitudes de l'infanterie. Plus instruite et plus florissante, elle a été plus terrible à nos adversaires. On ne s'est pas contenté, comme autrefois, de l'employer à compléter la victoire. Elle est entrée en lice contre les masses non entamées d'infanterie et de cavalerie, et son élan a quelquefois décidé le gain des batailles [1].

Les officiers de cavalerie de la trempe des Ney [2] et des Richepanse étaient clair-semés

---

[1] Les trois quarts des chevaux de France ont été gelés en Russie. Rétablie après ce désastre, notre cavalerie s'est surpassée elle-même; et plus tard, dans une campagne de trois jours tristement mémorable, elle a maltraité la cavalerie des Prussiens et écrasé celle des Anglais.

[2] Dès le commencement de la guerre et avant d'avoir couru une carrière plus vaste, Ney passait pour un des premiers officiers de cavalerie de France.

dans les armées de la République. Nous avons vu à la fois à la tête des escadrons impériaux les Murat, les Lassalle, les Kellermann, les Montbrun, et d'autres hommes habiles dans l'art de lancer et de régulariser les vastes ouragans de la cavalerie, *procella equestris*, suivant la belle expression de l'Écriture. Après les qualités nécessaires au commandant en chef, le talent de guerre le plus sublime est celui du général de cavalerie. Eussiez-vous un coup-d'œil plus rapide et un éclat de détermination plus soudain que le coursier emporté au galop, ce n'est rien, si vous n'y joignez la vigueur de la jeunesse, de bons yeux, une voix retentissante, l'adresse d'un athlète et l'agilité d'un centaure. Avant tout, il faudra que le ciel vous ait départi avec prodigalité cette faculté précieuse qu'aucune ne remplace, et dont il est plus avare qu'on ne le croit communément, la bravoure.

Le corps royal d'artillerie de France passait

pour le premier de l'Europe. C'est dans le régiment de la Fère, le premier de cette arme, que Bonaparte commença sa carrière militaire. Les canonniers se livrèrent avec chaleur au mouvement de la révolution, mais la discipline ne souffrit guère attendu qu'il y avait parmi eux un grand fonds de raison et de patriotisme. Aussi l'artillerie eut elle-une part active à la défense du territoire et aux essais offensifs des armées de 1792 et 1793. On menait alors beaucoup de canons en bataille. Le calibre de quatre était attaché aux bataillons d'infanterie. Les obusiers, le huit et le douze, et même le seize particulièrement affecté au siége, formaient alors des batteries de six à douze bouches à feu, dites batteries de position. On avait récemment emprunté des Prussiens, pour le service de campagne, un perfectionnement analogue à l'impétuosité française. Il consistait à mettre à cheval un certain nombre de canonniers qui, par ce moyen, arrivaient sur le terrain en même temps que les pièces les mieux attelées, se trouvaient toujours dispos pour les manœuvrer, et pouvant plus facilement échapper à ceux qui voudraient les assaillir, canonnaient plus long-temps et de plus près. L'artillerie à cheval fut composée, à sa création, des artilleurs les plus ingambes, et recrutée ensuite avec l'élite des grenadiers. Elle fit des merveilles. On vit dans les campagnes d'Allemagne de simples capitaines de cette arme acquérir une réputation d'armée. Bientôt les généraux ne voulurent plus avoir d'autre artillerie, parce que celle-là étant plus mobile et plus efficace, il en fallait moins, et c'était autant d'allégement dans les colonnes d'attirails.

L'engouement pour les bonnes choses conduit toujours à mal. L'artillerie à pied, énervée par la formation et l'augmentation de l'artillerie à cheval, commença à perdre l'esprit militaire, et les canonniers nouveaux, limités au travail manuel des arsenaux et des parcs, restèrent paysans et devinrent raisonneurs. On eut lieu de s'en apercevoir dans la défense des places fortes d'Italie, pendant la malheureuse campagne de 1799 [1]. Les officiers instruits, restés en grand nombre dans un corps moins mutilé que les autres par l'émigration, s'étaient confinés volontairement dans les établissemens du matériel. Les jeunes gens étaient découragés à la vue d'une carrière qui paraissait obstruée. Les chefs de l'arme furent réduits en campagne au rôle essentiel, mais obscur, d'ordonnateurs des approvisionnemens en instrumens et en munitions de guerre.

Napoléon fit, dans le service de l'artillerie, une révolution en rapport avec les changemens que de longues guerres ne pouvaient manquer d'amener dans le moral de l'armée. Lorsque l'ardeur des uns, opposée au découragement des autres, ne suffit plus pour gagner les batailles,

---

[1] Après la retraite de l'armée de Rhin-et-Moselle, en 1796, le général Moreau fit faire par des compagnies de canonniers à cheval le service de l'artillerie dans les ouvrages avancés des têtes de pont d'Huningue et de Kehl.

il faut enfoncer les lignes qui résistent. Le moyen le plus sûr pour cela est de concentrer, sur le point d'attaque, plus de feu que l'ennemi ne peut y en porter pour sa défense. Ces feux multipliés, c'est la bonne disposition et l'emploi simultané d'une artillerie nombreuse, qui les procurent. L'Empereur augmenta l'artillerie de bataille, au point d'avoir, dans les armées d'outre-Rhin, cinq bouches à feu par mille hommes, et de porter le personnel de l'arme à cent mille trois cent trente-six hommes. C'était presque autant que toute l'ancienne armée du roi de France [1].

Dans ces myriades de canons, l'artillerie à cheval n'entra plus que pour sa destination naturelle. On l'employa dans les revues et

---

[1] Pendant la campagne de Wagram, l'Empereur donna aux régimens d'infanterie des pièces de quatre qui furent servies par les fantassins : c'était un expédient pour faire transporter une nombreuse artillerie avec moins d'embarras que si elle eût été réunie en divisions et en parcs.

principalement dans la cavalerie qui, n'ayant pas de feu par elle-même, est surtout obligée d'en emprunter ailleurs au moins pour se défendre. L'artillerie, disposée habituellement par grosses batteries, rentra sous les ordres de ses chefs directs.

Alors les artilleurs instruits affluèrent aux armées, tant les anciens venus des fabriques et des ateliers, que les nouveaux sortis des écoles où l'enseignement du métier avait été perfectionné. On ne dédaigna pas le service de ceux qui, ayant passé par tous les détails de manipulation dans l'état de simple canonnier, compensaient une théorie moins éclairée par une pratique plus assurée. Aurait-on pu oublier qu'ils avaient dans un temps difficile soutenu à eux seuls la gloire du corps! Éblé, le premier officier d'artillerie de la guerre de la révolution, appartenait à cette classe. On assura aux sous-officiers une participation à l'avancement, assez large pour concilier leurs justes prétentions avec la destination d'une arme à talent. Le corps d'artillerie a montré peu d'ambition pour le luxe de la science. Il lui a suffi de ne pas rester en arrière des connaissances nécessaires à son art, et de toujours faire plus et mieux qu'on ne lui demandait. Les régimens de l'arme, choisissant les recrues dans la conscription avant les autres troupes, conservèrent leur espèce d'hommes vigoureuse, et les soldats qui portent la mort au loin, continuèrent à se montrer les plus intrépides à la braver de près.

Le train d'artillerie fut sans contredit une des plus utiles institutions militaires de l'empereur Napoléon. Le soin d'atteler et charier les canons et les caissons était confié auparavant à des entrepreneurs sans patrie et sans vertu. L'arrangement nouveau coûta peut-être un peu plus d'argent. On n'y perdit rien, car les soldats du train furent, en discipline et en courage, les émules des canonniers.

Vingt-cinq ans de guerre et la comparaison avec les arsenaux et les machines du continent de l'Europe tombés en notre pouvoir, n'ont pas amené de changement important dans ce qui se pratiquait en France. On a essayé des changemens de calibre et de nouveaux caissons qui ont été abandonnés pour revenir aux constructions telles que les avait fixées Gribeauval. La gestion de cette partie importante des dépenses publiques a été conduite par les officiers du corps, avec une économie sévère et suivant les formes établies depuis un siècle. Là et dans le corps du génie s'était réfugiée l'antique probité, quand elle fut chassée des autres services administratifs.

On a proposé souvent à Napoléon de réunir l'artillerie et le génie. En thèse générale, la division du travail contribue au perfectionnement des arts. En thèse particulière, pourquoi fondre ensemble des corps si utiles dans leur organisation actuelle? L'Empereur n'eut pas l'imprudence de tenter cet essai; mais il réunit les élèves des deux armes dans un établissement qu'alimentait l'Ecole Polytechnique. Cette école, après avoir été un foyer de lumière pour la France et pour l'Europe, venait d'être reconstruite sur un plan plus étroit et moins libéral. Le métier des armes passait avant tous les autres dans l'esprit de Napoléon. Il transforma une pépinière de savans en un séminaire de guerriers.

Depuis la seconde campagne de la guerre de la liberté, où l'usage des tentes avait été abandonné, nos soldats bâtissaient leurs baraques avec une dextérité et une promptitude qui prouvaient combien ils avaient d'aptitude pour toute espèce de travaux. L'Empereur leur fit creuser des ports de mer sur la côte de Boulogne, et les employa souvent à construire des fortifications. Cependant ils montrèrent toujours de la répugnance à manier la pelle et la pioche ailleurs que sous le feu de l'ennemi.

Vauban demandait avec instance, en l'année 1688, au ministre Louvois une troupe qui exécutât les travaux des siéges sous la direction des ingénieurs. Elle n'existait pas encore un siècle après. On donnait avant la révolution le nom de sapeurs à certaines compagnies des régimens d'artillerie qui, outre la manœuvre du canon, étaient exercées à la sape dans les polygones et qu'on prêtait accidentellement au génie. Employer à deux fins des soldats obéissant à deux maîtres, était une économie mal entendue. La Convention nationale créa les véritables sapeurs, qui, organisés d'abord en compagnies et ensuite en bataillons, se firent bientôt un renom proportionné au degré d'intelligence et d'audace que nécessite l'exercice de leur profession.

Les mineurs furent rendus au génie dont on n'aurait jamais dû les séparer. Le génie revendique aussi les pontonniers. Malgré la convenance apparente de cette prétention, l'artillerie les a conservés. On a pensé que la puissance dont cette arme dispose par ses arsenaux, ses parcs, son train, son personnel nombreux, fournirait, pour construire, atteler et manœuvrer les ponts mobiles, des ressources auxquelles nulle autre combinaison ne pouvait suppléer.

Les ingénieurs élèvent les fortifications permanentes et passagères. Ils attaquent et défendent les places. Ils vont à la guerre. On peut assurer que, sous ces trois rapports, il n'existe, dans aucune corporation militaire au monde, plus d'habileté et de patriotisme que dans notre corps du génie. Alexandrie, Anvers, Juliers, cinq cents autres places construites, restaurées et augmentées, disent assez que l'art de Vauban n'est pas tombé en décadence entre les mains des Marescot, des Chasseloup et des Haxo. L'Europe a été jonchée de nos redoutes et de nos retranchemens. Aux sièges, les officiers du génie étaient l'ame de l'attaque et le nerf de la défense. Leur expérience y a recueilli une foule de perfectionnemens dont la publication agrandirait le domaine de la science. Dans la guerre de campagne, ils se sont chargés du travail des reconnaissances, et ont été nos meilleurs, pour ne pas dire nos seuls officiers d'état-major. Où en aurions-nous trouvé dont l'éducation eût été aussi soignée et dont le dévouement pût être mis à tant d'épreuves?

L'ÉTAT-MAJOR proprement dit n'a pas eu de consistance dans nos armées et n'a pas formé corps. On rangeait sous cette dénomination collective les officiers-généraux et les aides-de-camp, les commandans et les adjudans de place, les adjudans-commandans et les adjoints.

Les fils des hommes en place, les nobles anciens, les nobles nouveaux, tous ceux qui voulaient faire la guerre commodément et arriver de plein saut aux honneurs et au pouvoir, se jetaient dans l'emploi d'aide-de-camp. Napoléon essaya d'enchaîner leur fureur d'avancement; il décida que, pour avoir droit à un grade supérieur, les aides-de-camp devraient servir dans les corps d'infanterie et de cavalerie, où l'on apprend à conduire les soldats en vivant avec eux. L'influence des alentours du souverain contraria souvent les saines doctrines du généralissime, et la règle souffrit de fréquentes infractions. Il est de la nature des cours d'infecter les armées.

Les commandemens et les adjudances de place de l'intérieur étaient réservés, comme postes de retraite, aux officiers mutilés ou vieillis sous le harnais; au-dehors, ces emplois plus politiques que militaires étaient la proie d'individus qui, n'appartenant à aucun corps, offraient peu de garantie à l'autorité. Plusieurs officiers, employés en qualité de commandans de place, avaient été réformés précédemment et rentraient au service dans l'espoir d'amasser ou de grossir un petit pécule; ils étaient les intermédiaires habituels entre l'armée et les habitans du pays conquis. Les déportemens ignobles et arbitraires de quelques-uns d'entre eux ont contribué à rendre le nom français odieux à l'étranger.

Les adjudans-généraux et les adjoints furent

créés par l'Assemblée constituante pour cumuler les attributions qu'avaient exercées l'état-major général de l'armée et les états-majors particuliers de l'infanterie et de la cavalerie. L'institution avait à peine trois ans de date, que les mauvais choix du Comité de salut public et des représentans du peuple en mission la profanèrent. Cependant, à l'armée du Rhin, la moins secouée de toutes par la tourmente révolutionnaire, les officiers qui avaient le goût de l'étude se consacrèrent au travail de l'état-major. Desaix, Saint-Cyr[1], Abatucci, Decaën et d'autres du même ordre ont été adjudans-généraux; des fonctions imparfaitement définies furent ainsi agrandies par le mérite personnel de ceux qui les remplissaient; il en fut autrement en Italie. Le général Bonaparte tint peu de compte de gens qui ne maniaient ni machines de guerre, ni soldats; il considéra le

[1] Moreau disait de Desaix et Saint-Cyr : « Avec l'un on est sûr de gagner des batailles, avec l'autre de n'en pas perdre. »

service de l'état-major comme un passage et non comme une carrière. Les adjudans-généraux étaient presque assimilés aux officiers-généraux par la ressemblance du nom et de l'uniforme; le premier consul les dépouilla de ces ornemens, et joignant ensemble deux mots étonnés de se voir accouplés, il les appela adjudans-commandans. Les portes de l'avancement leur furent presque fermées, lorsqu'elles étaient ouvertes à tout le monde; voulait-on punir un chef de corps négligent ou coupable? on le faisait adjudant-commandant. Accordant moins d'estime à une classe d'officiers placés haut dans la hiérarchie, il fallut s'attendre à en tirer moins de services.

Le travail du bureau, peu considérable dans les anciennes guerres, s'est compliqué outre mesure avec l'accroissement de nos armées et notre étalage de responsabilité. L'Empereur voulait avoir sous les yeux, partout et à toute heure, les tableaux les plus circonstanciés de la force et de l'emplacement de ses troupes, des hôpitaux, des arsenaux, des magasins ; cela fit regarder la rédaction des états de situation comme une des plus intéressantes attributions de l'état-major. Les secrets de castramétation et d'ouverture de marche, qu'on prisait tant autrefois, ont baissé dans l'opinion, tant à cause de la manière différente de faire la guerre, que parce que l'expérience commune à tous réduisit à sa juste valeur ce qui n'est que l'A B C du métier. Les régimens familiarisés avec l'étude des terrains et les procédés géographiques, faisaient mieux les reconnaissances que des adjoints promus sans examen et sans choix. Les officiers-généraux ne déléguaient à personne le soin de déterminer les positions et d'y asseoir les troupes. Que restait-il donc aux adjudans-commandans employés comme chefs d'état-major des divisions? Rien que la transmission des ordres, l'obligation de seconder le général, et l'envoi des rapports et états journaliers au chef de l'état-major de l'armée. Tout le monde n'entendait pas dans le même sens l'action directe qu'ils avaient droit d'exercer sur les troupes et dans l'administration; quoique pourvus du grade de colonel, leur importance déchut encore quand l'isolement des armes et l'institution des corps d'armée ébranlèrent le système divisionnaire.

Ce changement sortit, comme beaucoup d'autres, du grand campement des bords de la Manche. Les divisions de Sambre-et-Meuse et du Rhin, où la cavalerie et l'infanterie s'étaient épousées et accouraient, lorsque leur compagnie d'artillerie à cheval était compromise, au secours de leurs camarades et de leurs amis dans la détresse : ces belles divisions retraçaient l'image des légions romaines, autant que le comporte la nature de nos armes. Quand les forces militaires se déployèrent sur un plus grand espace, plusieurs généraux en chef, Moreau particulièrement, jugèrent qu'un morcellement trop détaillé nuisait à l'exécution des ordres et à l'ensemble des mouvemens. On réunit, en l'année 1800, plusieurs divisions des armées du Rhin et d'Italie, sous le commandement d'un officier-général, qui reçut à cet effet la commission temporaire de lieutenant du général en chef. Cependant la division resta l'unité, et la lieutenance fut dans ce mécanisme un rouage surabondant.

Trois ans plus tard, des généraux en chef, qui furent nommés maréchaux d'empire aussitôt qu'on institua cette dignité, commandèrent les corps d'armée de Boulogne, d'Ostende et de Montreuil. Ces rassemblemens étaient de véritables armées, car ils conduisaient avec eux tout ce qui leur était nécessaire pour marcher, vivre et combattre. Les divisions perdirent leur consistance ; comme nous l'avons dit, on leur retira la cavalerie, et l'artillerie n'y figura que pour mémoire. Les armes furent isolées les unes les autres ; les officiers-généraux, limités au commandement d'une seule espèce de troupes, ne furent plus que des colonels renforcés[1]. On peut mettre en question si cette modification du système avec lequel on avait vaincu était bonne et nécessaire ; l'Empereur l'adopta moins comme amélioration absolue que pour sa propre convenance ; les commandemens fixes de ses lieutenans, calculés sur le nombre d'hommes qu'un chef d'une habileté raisonnable peut remuer avec succès sur le terrain, servirent à dégager sa pensée de la préoccupation d'une foule de détails importuns. A eux appartenaient les soins du métier et l'exécution technique ; à lui seul la conception et la direction des entreprises.

---

[1] Nous rapportons ici l'organisation impériale, c'est-à-dire l'organisation des armées commandées par l'Empereur en personne. On a fait une partie de la guerre d'Espagne sans avoir d'intermédiaire entre les états-majors généraux d'armées et les divisions, et on s'en est bien trouvé. Au reste, les campagnes de la Péninsule ont produit, dans le service des troupes et dans les mœurs de l'officier et du soldat, de nombreuses modifications que nous ne manquerons pas de faire connaître.

Derrière les corps d'armée de Napoléon, marchait une réserve sans pareille; la garde impériale représentait la gloire de l'armée et la majesté de l'empire. On choisissait les officiers et les soldats parmi ceux que les braves avaient signalés comme les plus braves : tous étaient couverts de cicatrices. Nourris dans les dangers, ils avaient vécu beaucoup en peu d'années; et l'on ne s'étonnait pas d'entendre appeler vieille garde un corps où les plus vieux n'étaient pas âgés de quarante ans. Quoique le prince les comblât de grâces, la récompense restait toujours au-dessous du service. Napoléon, honneur et patrie se confondaient dans leur admiration et leur dévouement. Pas un d'eux ne pensait que ce dévouement les appelât jamais à défendre la couronne impériale contre les tumultes populaires; tous s'enorgueillissaient qu'on eût confié à leur courage le soin de la conserver radieuse aux yeux des étrangers; les délices de la grande cité n'amollissaient point leur discipline. Transportés sur les champs de bataille, à pied par des marches forcées, en bateau ou sur des voitures, la nouvelle de leur arrivée glaçait d'effroi les cœurs des ennemis. L'Empereur porta, par des augmentations successives, l'effectif de sa garde à soixante-huit bataillons, trente-un escadrons et quatre-vingts pièces d'artillerie. Aux jours de ses prospérités, il ne la faisait donner que par portions détachées; quinze ans entiers elle resta debout au milieu des épouvantemens et des ruines, solide comme la *colonne de granit*[1]. Un jour elle succomba.... Ce jour-là le joug de l'étranger s'appesantit sur la France. Sur les tombeaux des héros nos enfans écriront ces mots, qui furent proférés au plus fort de la mêlée : « La garde meurt et ne se rend pas! »

L'ADMINISTRATION de nos armées était vi-

---

[1] C'est ainsi que la désigna le général Bonaparte sur le champ de bataille de Marengo.

cieuse. On ne manquait cependant ni de bons réglemens ni d'hommes capables de les faire exécuter. Le mal venait de deux causes capitales : l'une, c'est que l'art de pourvoir aux besoins du soldat, dépendant, comme les autres arts, de procédés matériels, ne peut être appliqué aux armées qui surpassent une certaine force numérique, ou dont les mouvemens excèdent un certain degré de rapidité. L'autre cause était inhérente au caractère de l'homme qui réglait nos destinées. Comme l'Éole de la Fable met les vents en liberté pour agiter les flots, ainsi Napoléon déchaînait les passions pour bouleverser le monde. Or, les passions, même les plus nobles, sont toujours prêtes à s'indigner de l'ordre qui aligne les talens et tue l'enthousiasme.

Le commissariat, dont le nom est ancien dans la monarchie, fut agrandi à la révolution. On était porté alors à amoindrir le pouvoir militaire : ce qui est toujours bon à faire quand la sûreté de l'Etat n'est pas compromise.

A l'administration des choses de la guerre, soit dans l'intérieur des régimens, soit au-dehors, on réunit, pendant quelque temps, l'information des délits commis par les officiers et les soldats, et la conduite des jugemens. La défaveur qui s'attacha aux vieilles institutions ne fit qu'effleurer les commissaires des guerres. Très-peu se crurent obligés d'aller à la croisade d'outre-Rhin. Leur corps, à peu près intact, et partant riche en traditions, se renforça de sujets distingués. Tant que nos milices, occupées à repousser la première invasion de l'ennemi, restèrent collées aux places, et vécurent des magasins, il conserva le relief d'une magistrature indépendante.

La guerre offensive commença. Les armées républicaines, partagées en divisions, marchèrent sur un grand front, parce qu'elles étaient obligées de tirer leur subsistance du terrain qu'elles parcouraient. Il n'y eut plus de centralité possible dans l'administration. On eut recours aux réquisitions en nature faites partiellement, et au jour le jour, sur tous les points où le besoin se faisait sentir. Cette manière de servir nécessitant la coopération continuelle de l'autorité militaire, tant pour le calcul des ressources que pour leur recouvrement, imposa au général de division un devoir de plus à remplir : celui de nourrir les soldats. Pour l'accomplissement de ce devoir, parfois plus difficile que les autres, le commissaire des guerres fut un agent éclairé, actif, indispensable, mais subordonné. Si le corps administrant eût voulu se retrancher dans le bénéfice de la loi qui l'avait constitué, et qui n'était pas changée, il n'aurait eu, la plupart du temps, rien à faire. Il aima mieux laisser dénaturer ses fonctions que les abandonner. Les militaires, accoutumés à juger du droit par le fait, ne virent plus dans le dépositaire du pouvoir ministériel qu'un subalterne, et dans le régulateur du service des vivres qu'un vivrier, le premier de sa classe. La distinction fondamentale entre les surveillans, les comptables et les manipulateurs, s'effaça; car il n'y avait pas trace de comptabilité, et tout était manipulation. Qu'on joigne à ces causes de décadence le dédain qu'éprouvent naturellement les soldats pour ceux qui vont à la guerre sans courir le danger du champ de bataille, et personne ne s'étonnera que les commissaires des guerres n'aient pas conservé assez de consistance pour diriger et contrôler avec succès la gestion financière des régimens. Le travail des revues, base de la comptabilité, fut en souffrance. Bientôt on cessa d'en passer sur le terrain.

Les troupes étaient nourries aux dépens du pays conquis, et il importait assez peu que les fonctionnaires préposés à la surveillance de ce service fussent investis de plus ou moins de considération. Cependant elles étaient soldées par le trésor national, et l'emploi de la fortune publique touchant de près le gouvernement, il dut chercher à rehausser les dispensateurs des fonds. L'arrêté des consuls, en date du 9 pluviose an VIII, retira aux commissaires des guerres la police administrative des corps armés, et la confia à une autre corporation, dont les premiers membres furent pris dans la tête du commissariat, et parmi les officiers-généraux et supérieurs hors d'activité. Les inspecteurs aux revues prirent, de premier jet, une attitude imposante, parce qu'on leur conféra des grades élevés. Ils la conservèrent, après avoir perdu les insignes des grades, parce que leurs fonctions ne leur donnaient avec les militaires, isolés ou réunis, que des rapports de supériorité.

Le régime divisionnaire avait contribué à faire déchoir les commissaires des guerres. L'établissement des corps d'armée et un système de guerre plus concentré, eurent pour effet de leur rendre, sinon leur ancien éclat, du moins une dépendance moins éparpillée, et plus de fixité dans les attributions. Mais alors la plaie faite par le démembrement de l'inspection aux revues était encore saignante.

Le corps nouveau avait emporté avec lui l'autorité traditionnelle et les droits honorifiques. Le corps ancien, brusquement appauvri d'un nombre considérable de ses meilleurs sujets, ne renfermait pas l'étoffe nécessaire pour remplir ce vide, et on fut trop facile à ouvrir la carrière à des hommes qui, par leur éducation première et le genre de leurs connaissances, n'étaient pas destinés à la parcourir.

Cependant, le zèle du commissariat a paru s'exalter à mesure qu'on l'a moins apprécié. Pendant un quart de siècle, tous les systèmes d'administration ont été essayés, depuis celui qui organise les secours long-temps d'avance, jusqu'à la maraude régularisée. Les commissaires des guerres se sont prêtés à tout. Contention d'esprit, fatigues corporelles, sacrifices d'amour-propre, rien n'a coûté à leur désir d'être utiles. Rarement aidés, et quelquefois contrariés par l'autorité, leurs efforts ont été particulièrement méritoires dans les guerres d'armée à peuple, où les élémens générateurs de l'ordre devaient naître du sein même de la confusion. On verra, dans le cours de l'ouvrage que nous écrivons, tel ordonnateur des guerres dépenser, pour former un magasin, pour organiser un convoi, pour approvisionner une place, plus de talent administratif et de force de tête qu'il n'en eût fallu, en temps régulier, pour régir un État. Des actes de cette nature sont d'ordinaire voués à l'obscurité; mais lorsque l'énergie des résistances surmontées et l'importance des résultats obtenus les ont empreints de grandeur, l'histoire les recueille pour l'encouragement de ceux qui se trouveront dans des circonstances semblables.

Les employés de l'administration militaire étaient pris au hasard et amovibles, au gré du premier venu. Du temps du Directoire, leurs richesses mal acquises insultaient à la noble misère des guerriers; sous Napoléon, ils eurent les mœurs de leur condition. Les services qu'ils rendirent, quoique pas toujours désintéressés, furent meilleurs qu'on n'avait droit de l'attendre d'une classe d'hommes livrée à l'incertitude d'un état précaire.

Comme nous faisions un usage continuel des ressources locales, le matériel d'administration que nos armées conduisaient avec elles était très-restreint, et l'expérience de la guerre ne l'avait pas perfectionné. Nos ambulances n'étaient pas en proportion avec nos besoins. Nous ne nous servions ni de boulangeries portatives ni de fours mobiles. Les caissons des vivres étaient lourds et grossiers. Le décret impérial du 26 mars 1807 forma les équipages en bataillons. Cette innovation, dont le train d'artillerie avait donné l'idée, n'était pas soutenue par les mêmes stimulans de patriotisme et d'honneur.

Les agens subalternes du service de santé reçurent aussi une organisation militaire. Il a été facile de l'établir, car les infirmiers étaient choisis parmi les vieux soldats; mais on en a retiré peu d'avantage pour l'amélioration du régime des hôpitaux. Les hôpitaux!...... C'est ici que l'humanité en pleurs accuse les forfaits de l'ambition. Il n'était plus permis aux cœurs généreux de palpiter au récit de la victoire; nos lauriers étaient noyés dans une mer de sang. Les conscrits vivaient trop vite pour durer long-temps. Les affections de poitrine dans le Nord, et les maladies d'estomac dans le Midi, les emportaient par milliers. L'extrême mobilité des armées et l'incertitude des lignes d'opération ne permettaient pas toujours de constituer des hôpitaux réguliers, et compromettaient sans cesse les évacuations. Les blessés furent souvent abandonnés faute de moyens de transport. Vainqueurs ou vaincus, nous avons perdu quatre fois plus de monde par le désordre inséparable de notre système de guerre que par le fer ou le feu de l'ennemi.

Cependant l'armée adorait son général heureux, et elle délirait encore pour lui, alors qu'elle était désabusée de sa providence. Pour deviner cette énigme, il faut avoir connu Napoléon, la vie des camps et la gloire; il faut surtout avoir la tête et le cœur français. Le pestiféré de Jaffa repoussa-t-il la main appliquée sur sa plaie, parce que cette main l'avait arraché du sol natal pour le traîner au foyer de la contagion? L'Empereur s'efforçait de réparer par des soins individuels une faible portion des maux résultant de ses combinaisons. Après une bataille il visitait les hôpitaux en personne, ou bien il y envoyait ses principaux officiers. A son exemple les généraux prenaient un vif intérêt au bien-être des malades et des blessés. Notre chirurgie, dirigée aux armées par des chefs habiles, a conservé sa prééminence en Europe. La patrie doit une reconnaissance sans bornes aux services modestes des officiers de santé. Placée entre la cupidité des administrateurs et l'ambition des militaires, cette classe respectable de citoyens a donné l'exemple d'un dévouement dont aucun calcul n'altéra la pureté.

La loi avait confié au corps des inspecteurs aux revues la tutelle des conseils d'administration des régimens; c'est ce qu'on appelait la police administrative. Les conseils n'avaient qu'une autorité nominale. On y délibérait pour la forme, ou bien on n'y délibérait pas du tout, et les membres signaient un à un les actes collectifs. Par le fait le colonel administrait seul; l'inspecteur aux revues, content d'avoir assuré les intérêts du Trésor en constatant exactement l'effectif, jugeait les opérations consommées, sur la présentation des pièces justificatives, et portait rarement un œil scrutateur au-delà. Les défenses ministérielles, éternellement répétées, n'empêchaient pas qu'à la faveur du bien-être dont les troupes jouissaient parfois dans leurs cantonnemens, on n'exerçât des retenues illégales sur la solde, tantôt pour entretenir des sapeurs et payer des musiciens, tantôt pour ajouter à l'habillement de futiles embellissemens. Tel colonel changeait de son autorité privée des portions importantes de l'uniforme; l'un ordonnait les cheveux coupés; l'autre faisait reprendre la poudre. Une foule de détails, qui ailleurs sont déterminés par les réglemens, étaient abandonnés en France au caprice des chefs qui se succédaient avec une rapidité égale à celle des mouvemens militaires. L'arbitraire en ce genre n'était tempéré que par l'influence paternelle des capitaines, et par l'intérêt qu'avaient les colonels d'être aimés et honorés de ceux dont ils attendaient leur réputation et leur avancement. Napoléon disait qu'un peu de désordre n'était pas messéant au caractère français, mais il eût commencé à s'inquiéter si les troupes eussent paru mécontentes. Il avait besoin avant tout de bons officiers et de soldats intrépides. Cette pensée le détournait toujours des considérations secondaires.

Celui qui, pour connaître l'armée française, en étudierait la législation écrite, entreprendrait un travail fastidieux et inutile; dans ce fatras d'ordonnances souveraines et de décisions ministérielles capables de remplir cent volumes, les contradictions l'arrêteraient à chaque pas; il ne saurait distinguer les dispositions ayant encore vigueur, de celles qui n'en ont plus et de celles qui n'en eurent jamais. En tout pays, mais surtout dans notre France, la différence est énorme entre le précepte et l'action, entre ce qu'on devrait faire et ce qu'on fait. Au milieu d'une stérile abondance, nos codes péchaient par d'inexcusables omissions. Ainsi nous avons attendu jusqu'au 1er mai 1812 pour y insérer une loi pénale contre ceux qui traiteraient de capitulation en rase campagne. Nous n'avons jamais eu pour le service d'armée un réglement adapté au régime des divisions et des corps d'armée permanens [1]; les rapports de l'artillerie et

---

[1] Il existait pour le service des troupes en campagne deux réglemens, l'un du 12 avril 1788, relatif à la cavalerie, l'autre du 5 avril 1792, relatif à l'infanterie, dressés tous deux sur d'anciens erremens, et tous deux à peu près inconnus à l'armée. Pendant la guerre d'Autriche, en 1809, l'Empereur sentit la nécessité d'un ré-

du génie, et surtout de l'administration avec l'état-major, sont restés dans le vague. A côté de telles imperfections, certains actes grandioses décelèrent le doigt du grand homme. Nous citerons dans cette catégorie le décret impérial relatif aux aigles des régimens, qu'on dirait avoir été rédigé dans le sénat romain sur la proposition de Scipion; et celui du 24 décembre 1811 sur la défense des places de guerre, où respire une si héroïque connaissance du cœur humain et de la profession des armes.

La guerre, considérée comme science technique, a fait des progrès continuels, mais lents, depuis l'emploi de la poudre jusqu'au renouvellement du pas égal, et au perfection-

---

glement de campagne. Il eût fallu, pour en faire un bon, du temps et du travail; on se contenta de réimprimer à la hâte le réglement du 5 avril 1792, avec quelques changemens, dont le principal fut la substitution du mot *baraque* au mot *tente*.

nement du système de feu dans les armées prussiennes. Elle restera probablement stationnaire, tant qu'une découverte capitale ne produira pas une révolution dans les arts. En effet, vingt-quatre années de batailles livrées au monde entier par la plus ingénieuse des nations, n'ont suggéré aucun changement à l'arme principale des modernes, le fusil garni de la baïonnette, et la tactique n'a guère été poussée au-delà des combinaisons que le grand Frédéric avait imaginées.

Mais les applications de la science ont été variées à l'infini, les idées saines popularisées, les préjugés dissipés. Le dernier officier-major de notre infanterie eût souri de pitié en entendant les graves dissertations de nos devanciers sur l'ordre profond et l'ordre mince.

Un artilleur à cheval pourrait-il croire que, douze ans avant la révolution, on a écrit des volumes pour prouver que la mobilité des canons est une qualité superflue, et que les mêmes pièces montées sur les mêmes affûts doivent servir le long des côtes, sur les remparts, aux siéges et en campagne! On a secoué le joug des places inutiles. On ne s'est plus contenté de victoires sans résultat. Le luxe revenu avec les institutions monarchiques, n'ayant pas pénétré au-dessous des premières couches de l'armée, elle a pu, légère de bagages et industrieuse dans ses moyens de subsistance, s'émanciper jusqu'à un certain point de la rigueur des lignes d'opération. Un général a mis en action à la fois cent quatre-vingt mille hommes et cinq cents pièces de canon sur le même champ de bataille.

La stratégie a pris l'essor et a complété la science de la guerre. Michel-Ange dit un jour du Panthéon de Rome : « Je l'élèverai à quatre cents pieds du sol. » Et il le plaça sur le faîte de l'église de Saint-Pierre. Ainsi fut fait de nos jours avec la théorie des mouvemens d'armée. Le vieux roi de Prusse avait gagné des batailles par l'emploi de l'ordre oblique; Napoléon s'en servit pour conquérir des royaumes en une semaine ou en un mois. Il en obtint des profits plus étendus, parce qu'il l'appliqua sur une plus vaste échelle. Suivez le profond stratége dans les manœuvres brillantes de talent et d'audace qui ont précédé les journées de Marengo, d'Ulm, d'Austerlitz et d'Iéna. Voyez-le ensuite prendre son champ de bataille, et ne vous étonnez plus de ce qu'une seule victoire renverse un État.

Au reste, ce ne sont pas là des bienfaits pour les peuples. Mieux valait pour eux que les querelles de rois se vidassent avec vingt mille soldats qu'avec deux cent mille. Le préjugé qui condamnait les armées les plus nombreuses à assiéger Berg-op-Zoom pour se préparer à entrer en Hollande, ou à prendre jusqu'à la dernière bicoque de Flandre, avant de songer à percer dans le cœur de la France : ce préjugé diminuait les maux de la guerre, sinon dans leur intensité, du moins dans leur développement. L'usage des tentes préservait les troupes des maladies pernicieuses.

Tout cela est vrai; et cependant on ne reviendra ni aux petites armées, ni aux siéges de convention, ni aux maisons de toile ¹. Chaque puissance belligérante continuera à se faire beaucoup de mal à elle-même, dans l'espoir plus ou moins fondé d'en faire davantage à son adversaire. Cherchons plus haut le remède; cherchons-le dans la libre manifestation de l'opinion publique, dans des institutions assez fortes pour résister aux volontés individuelles des gouvernans, et pour les réduire à ne plus être que les serviteurs

---

¹ Quelques guerriers philantropes ont désiré qu'on reprît l'usage des tentes : ce vœu ressemble à celui que formaient au seizième siècle les Montluc et les Bayard, pour qu'on abandonnât l'usage de ces armes traîtresses au moyen desquelles un lâche, tapi derrière un buisson, donne la mort au brave qu'il n'aurait pas regardé en face. Celui qui fera la guerre avec des tentes aura toujours des embarras de transport qui le mettront dans un état d'infériorité contre celui qui n'en aura pas. Si jamais les peuples du Nord se débordent sur ceux du Midi, ce qui est autant à craindre que jamais, ils n'arriveront pas campés sous des maisons de toile.

plus ou moins habiles des intérêts généraux. L'esprit de liberté tuera l'esprit militaire. Il ne sera plus permis aux princes de faire entre-égorger les peuples pour des intérêts de dynastie, ou par des lubies d'ambition. Les gouvernans, quel que soit leur titre et l'origine de leur pouvoir, ne pourront subsister qu'en s'effaçant personnellement devant la volonté générale. Les nations, comparant les désastres de la bataille au mince profit de la victoire, ne pousseront plus le cri de guerre, hormis dans les circonstances très-rares où il s'agira de vivre libre ou mourir, ainsi qu'il arriva, en 1792, à la France menacée dans son existence par les rois d'Europe injustement coalisés.

Les grands événemens sont la grande école du genre humain, et la guerre est l'apprentissage de la guerre. De même que les dernières campagnes de la guerre de trente ans avaient formé pour le siècle de Louis XIV les Condé et les Turenne, ainsi Napoléon eut à choisir parmi les génies puissans que la révolution avait fait éclore. Il fit aussi des généraux, et en grand nombre : les uns, que le hasard avait groupés autour de lui dans les campagnes d'Italie; les autres, qu'offrirent à ses regards les guerres qu'il fit ensuite. Vaincre et trouver des instrumens de victoire était le travail de sa vie. Pourvu qu'on fût disposé à ne plus avoir d'autre avenir, d'autres desseins, d'autres volontés, que l'avenir, les desseins et la volonté du maître, il ne demandait pas aux hommes ce qu'ils avaient pensé autrefois, ni ce qu'ils pensaient encore, mais ce qu'ils savaient faire. L'histoire dira que plusieurs de ses aides-de-camp, et ce n'était pas ceux qu'il estimait le moins, avaient voté contre le consulat à vie[1].

[1] Drouot, un des plus beaux caractères de notre âge; Mouton, comte de Lobau, excellent homme de guerre; Bernard, officier-général du génie, conduit par les malheurs des temps à offrir aux États-Unis de l'Amérique septentrionale des services qui ont été acceptés avec empressement, et qui là au moins seront utiles à la cause de l'humanité.

Toutefois, les réputations militaires sorties de son règne sont loin d'avoir égalé les réputations acquises au temps de la République, et les généraux qui ont rendu leur nom célèbre dans les deux époques, ont brillé de moins d'éclat dans la seconde. Il ne faut pas s'en étonner. Et d'abord, une cour, tant nouvelle qu'elle soit, ne fût-elle même qu'un quartier-général transformé de la veille, est un champ ouvert à la médiocrité. Les nécessités du métier de courtisan rapetissent chaque jour les hommes qui ont le plus de valeur réelle. Napoléon exerçait plus d'influence sur les esprits comme monarque que comme guerrier, et il formait autour de lui des serviteurs et non pas des élèves. L'exemple de sa haute fortune, l'ambition qu'il se plaisait à exciter, les grandes existences qu'il créait, inspiraient, non le désir de la gloire, mais la passion de s'élever; et ses lieutenans rêvaient des royaumes autant que des batailles gagnées, autant que l'honneur d'illustrer eux et la France.

D'ailleurs, auquel de ses élèves Homère a-t-il transmis le secret de l'Iliade? Le talent de Napoléon, tout d'inspiration et de génie, n'était pas de nature à faire école. D'une part, son immense supériorité sur ceux qui l'entouraient, leur donnait une excessive défiance de leurs propres forces; d'autre part, sa puissance absolue courbait les esprits indépendans, et permettait à peine qu'une idée heureuse jaillît d'un autre cerveau que du sien. Il ne convenait ni à sa politique, ni à son humeur d'éveiller des mérites transcendans, et surtout de leur donner trop d'essor. Dans les armées que l'Empereur commandait en personne, l'occasion manquait aux généraux pour se déployer tout entiers. Ailleurs, Napoléon employait quelquefois les hommes à contre-poil de leur aptitude, ou il leur confiait des forces insuffisantes pour réussir, ou bien encore il poursuivait avec tiédeur des opérations chaudement entamées, distrait qu'il était par des conceptions nouvelles. Cet amant préféré de la fortune eût été tenté de regarder comme des infidélités les faveurs que la déesse eût accordées à un autre. Au milieu du dépit que lui donnaient des entreprises avortées, il se consolait en entendant raconter que les soldats s'étaient écriés : « Ah ! si l'Empereur avait été là ! »

Au reste, la vive clarté qu'ont jetée les exploits d'un seul homme, a obscurci les autres renommées ; et si, pendant une guerre prolongée, il s'est présenté telle circonstance où nos guerriers de haute stature n'ont paru que des nains, c'est parce qu'on les considérait accolés à un géant.

Plusieurs généraux classés par nous au second ordre, tiendraient le premier rang dans les troupes des puissances rivales. On imaginerait difficilement ce que renfermait de capacités variées et de caractères élevés notre armée de glorieuse mémoire. En Espagne surtout, la guerre était moins subordonnée à une direction générale, et donnait par-là plus de prise au développement des facultés individuelles; aussi a-t-il pu s'y former assez d'officiers et de généraux pour en approvisionner toutes les armées du monde.

Avec ses passions et malgré ses erreurs, Napoléon est, à tout prendre, le plus grand homme de guerre des temps modernes. Il a porté dans les combats un courage stoïque, une ténacité profondément calculée, un esprit fécond en inspirations soudaines, qui déconcertaient par des ressources inespérées les plans de l'ennemi. Qu'on se garde d'attribuer une longue suite de succès à la puissance organique des masses qu'il a mises en mouvement. L'œil le plus exercé aurait peine à y découvrir autre chose que des élémens de désordre. Qu'on ne dise pas non plus qu'il fut capitaine heureux parce qu'il était monarque puissant. De toutes ses campagnes, les plus mémorables sont : la campagne de l'Adige, où, général de la veille, commandant à une armée peu nombreuse, et, dans le commencement, mal ordonnée, mal outillée, il se plaça de prime-abord plus haut que Turenne, et à côté de Frédéric; et la campagne de France en 1814, où, réduit à une poignée de soldats harassés, il combattait à un contre dix. Les dernières lueurs de la foudre impériale éblouissaient encore les yeux de nos ennemis, et il faisait beau voir comme les élans du vieux lion pourchassé, resserré, traqué, retraçaient au vif les jours de sa jeunesse où il s'épanouissait dans les champs du carnage.

Napoléon possédait à un degré éminent les facultés du métier des armes : tempérant et robuste, veillant et dormant à volonté, paraissant à l'improviste où on l'attendait le moins, il ne dédaignait pas les détails auxquels se rattachent parfois des résultats importans. Souvent la main qui venait de tracer des règles pour le gouvernement de plusieurs millions d'hommes, rectifiait l'état de situation inexact d'un régiment, ou écrivait d'où l'on devait tirer deux cents conscrits, et dans quel magasin on prendrait leurs souliers[1]. Interlocuteur patient et facile, il interrogeait à fond; il savait écouter, talent rare chez les grands de la terre. Il a porté dans les combats un courage froid et

---

[1] Nous pourrions rapporter, à l'appui de cette assertion, des milliers de lettres écrites par Napoléon, de partout et dans toutes les circonstances de sa vie, non-seulement à ses ministres et à ses maréchaux, mais même à des fonctionnaires d'un ordre moins élevé. Pour ne prendre nos exemples que dans la guerre d'Espagne, nous insérerons ici une lettre que l'Empereur écrivait d'Aranda del Duero, dans la campagne de 1808, au général Drouet, commandant alors la 11e division militaire, dont le quartier-général avait été transféré de Bordeaux à Bayonne :

« Monsieur le général Drouet, passez la revue des fu-
» siliers de ma garde à Marrac, et faites partir deux cents
» fusiliers bien habillés, bien armés et ne manquant de
» rien. Ils seront conduits par un officier, deux sergens
» et quatre caporaux. Dirigez ce détachement de deux
» cents hommes sur Burgos. Il faut qu'ils aient tous leurs
» deux paires de souliers dans le sac et une aux pieds,
» leur capote et cinquante cartouches. Ne les faites partir
» que bien assuré qu'ils ont tout cela. Sur ce, je prie
» Dieu qu'il vous ait en sa sainte garde.

» Aranda, le 29 novembre 1808.

» NAPOLÉON. »

impassible; jamais esprit plus profondément méditatif ne fut plus fécond en illuminations rapides et soudaines. En devenant empereur, il ne cessa pas d'être soldat. Si, avec le progrès de l'âge, son activité diminua, c'est que les forces physiques étaient moindres [1].

Dans les jeux mêlés de calcul et de hasard, on court toujours des risques d'autant plus grands, qu'on veut obtenir de plus grands avantages. C'est là précisément ce qui rend si funeste aux nations la trompeuse science des conquérans. Napoléon, quoique naturellement aventureux, ne manquait ni de suite, ni de méthode, et il n'usait ni ses soldats, ni ses trésors là où suffisait l'autorité de son nom. Ce qu'il pouvait obtenir par les négociations ou par la feinte, il ne le demandait pas à la force

---

[1] Dans les dernières années, l'Empereur était devenu gros; il mangeait davantage, dormait plus long-temps et montait moins à cheval; mais il avait conservé toute la force de sa tête, et ses passions avaient perdu peu de leur vivacité.

des armes. L'épée tirée du fourreau ne fut ensanglantée que lorsqu'il était impossible d'arriver au but par une manœuvre. Toujours prêt à combattre, habituellement il choisissait l'occasion et le terrain. Il a donné quarante batailles pour huit ou dix qu'il a reçues.

D'autres généraux l'ont égalé dans l'art de disposer les troupes sur le terrain. Quelques-uns ont donné une bataille aussi bien que lui. On en citerait plusieurs qui l'ont mieux reçue. Il les a surpassés tous dans la manière de diriger une campagne offensive.

Les guerres d'Espagne et de Russie ne prouvent rien contre son génie. Ce n'est pas avec les règles de Montécuculli et de Turenne manœuvrant sur la Renchen qu'il faut juger de telles entreprises. Les uns guerroyaient pour avoir tel ou tel quartier d'hiver; l'autre, pour conquérir le monde. Il lui fallait souvent non pas seulement gagner une bataille, mais la gagner de telle façon qu'elle épouvantât l'Europe et amenât des résultats gigantesques. Ainsi, les vues politiques intervenaient sans cesse dans le génie stratégique, et pour l'apprécier tout entier il ne faut pas se renfermer dans les limites de l'art de la guerre. Cet art ne se compose pas seulement de détails techniques, il a aussi sa philosophie. Pour trouver dans cette région élevée un rival à Napoléon, il faudrait remonter aux temps où les institutions féodales n'avaient pas encore rompu l'unité des nations antiques. Les seuls fondateurs de religion ont exercé sur leurs sectaires une autorité comparable à celle qui le rendit maître absolu de son armée. Cette puissance morale lui est devenue funeste pour avoir voulu s'en prévaloir même contre l'ascendant de la force matérielle, et parce qu'elle l'a entraîné à mépriser des règles positives dont la longue violation ne reste pas impunie [1].

---

[1] Quand Napoléon commandait de petites armées en Italie, sur l'Adige, tout fut observation des règles, tout fut beau, tout fut grand. Successivement il a fait de grandes choses; mais souvent l'emploi du moral a pré-

Quand l'orgueil acheminait Napoléon vers sa chute, il lui arriva de dire : « La France a plus besoin de moi que je n'ai besoin d'elle.... » Et il disait vrai. Mais pourquoi était-il devenu nécessaire? C'est parce qu'il avait confié la destinée des Français aux hasards d'une guerre interminable; c'est parce que, malgré les ressources de son génie, cette guerre, tous les jours plus chanceuse par la mise en jeu de la totalité des forces et par la hardiesse des mouvemens, remettait en problème à chaque campagne, à chaque bataille, les fruits de vingt années de triomphe; c'est parce que son gouvernement était modelé de façon que tout de-

dominé sur le positif. La sphère s'agrandit, tout fut chanceux, tout calculé pour de grands résultats. Quelque habile qu'on soit, il y a presque toujours, dans ce jeu terrible, des risques proportionnés à la grandeur des profits. Le succès est devenu plus chanceux. Les armées étaient plus nombreuses. Ses ennemis, à son exemple, ont eu aussi des masses. Enfin le monde physique l'a emporté sur le monde moral. Le talent, le caractère, la profondeur ont des bornes. La machine n'était plus maniable, il a été écrasé.

vait disparaître avec lui, et que du dehors et du dedans devait éclater à la fois une réaction proportionnée à la violence de l'action. La frénésie conquérante avait retourné la question européenne; nous, les fils premiers nés de la liberté et de l'indépendance, nous versions notre sang pour servir des passions royales contre la cause des peuples, et les peuples outragés revenaient plus terribles, armés des principes que nous avions abandonnés.

Parfois cette masse immense de passions qu'il accumulait contre lui, cette multitude de bras prêts à se lever pour la vengeance, portèrent un trouble involontaire dans l'ame de l'ambitieux. Regardant autour de lui, il s'effraya d'être seul, et il songea à affermir sa puissance en la modérant. Alors lui vint en pensée le projet de créer une pairie héréditaire et de refaire sa monarchie sur des bases moins fragiles[1]. Mais Napoléon voyait sans illusion le

---

[1] Au retour de la campagne de Russie, après la conju-

fond des choses. La nation, occupée toute et toujours à suivre les desseins de son chef, n'a-

ration de Mallet, Napoléon fit de sérieuses réflexions sur la personnalité, la fragilité de sa situation. Il pensa à créer une pairie héréditaire. Il voulait la prendre 1° parmi les plus grands de son État, surtout dans l'ordre militaire ; 2° parmi les propriétaires fonciers, chacun le plus riche de son département, attaché au système, ou du moins ne s'en étant pas déclaré jamais le formel et officiel ennemi; 3° parmi ceux ou les fils de ceux qui, dans une circonstance donnée, avaient rendu des services éminens à la patrie, ou l'avaient sauvée dans quelque carrière que ce soit. On aurait vu figurer l'héritier de Sully, et celui du vainqueur de Denain, et celui de Vauban, à côté de Carnot qui sauva la France en 1794 par le déploiement des ressources de la France au Comité de salut public. Cette idée grande et généreuse n'eut pas de suite ; elle n'aboutit qu'au sénatus-consulte sur la régence, et à une composition plus régulière et plus impériale du Sénat. Napoléon ne voulut pas rendre ses chefs d'armée indépendans de lui et de son ambition ; il ne voulut pas d'une Chambre des pairs qui pourrait lui refuser des soldats. Peut-être était-il encore temps de sauver la France.

Dans la campagne de France, aux premiers mois de 1814, Napoléon parlait à Troyes en Champagne, avec un de ses généraux, de l'état des choses. « Les ennemis, disait » celui-ci, sont trop nombreux. Nous ne pouvons pas en » venir à bout avec nos soldats qui tombent chaque jour vait pas eu jusque-là le temps d'en former pour elle-même. Le jour où elle n'eût plus été étourdie par le fracas des armes, elle eût demandé compte de sa servile obéissance. Mieux vaut, pensait-il, pour un prince absolu, combattre les armées de l'étranger, qu'avoir à lutter contre l'énergie des citoyens. Le despotisme avait été organisé pour faire la guerre ; on continua la guerre pour conserver le despotisme. Le sort en était jeté ; la France devait conquérir l'Europe, ou l'Europe subjuguer la France.

Napoléon a péri ; il a péri pour avoir tenté avec les hommes du dix-neuvième siècle l'œuvre des Attila et des Gengiskan ; pour avoir cédé à une imagination toute contraire à l'esprit contemporain, que sa raison connaissait pourtant si bien ; pour n'avoir point voulu

---

» et qu'on ne remplace pas ; il faut que la France se
» lève..... — Eh ! comment voulez-vous que la France se
» lève, interrompit avec vivacité Napoléon ; il n'y a
» pas de clergé, il n'y a pas de noblesse, et j'ai tué la
» liberté !..... »

s'arrêter le jour où il eut la conscience de son impuissance à réussir. La nature a marqué un terme au-delà duquel les entreprises folles ne peuvent pas être conduites avec sagesse. Ce terme, l'Empereur l'atteignit en Espagne, et le dépassa en Russie. S'il eût échappé alors à sa ruine, son inflexible outrecuidance lui eût fait trouver ailleurs Baylen et Moscou.

LIVRE DEUXIÈME.

ANGLETERRE.

SOMMAIRE.

Politique de l'Angleterre. — Déclaration de guerre. — Insurrection d'Irlande. — Événemens militaires. — Paix d'Amiens. — Projet de descente de la part des Français. — Campagnes de 1805, 1806 et 1807. — Système continental. — Ministère britannique. — Tableau de l'armée anglaise. — Recrutement. — Commandement des forces militaires. — Discipline, mœurs et habitudes. — Nomination et avancement. — Officiers-généraux. — Récompenses militaires. — Mariages. — Éducation des soldats. — Religion. — Justice. — Administration régimentaire. — Infanterie. — Troupes étrangères. — Cavalerie. — Département de l'ordonnance. — Artillerie. — Ingénieurs. — État-major. — Administration de l'armée. — Service de santé. — Considérations générales.

LIVRE SECOND.

ANGLETERRE.

Nous avons exposé l'esprit de la révolution française et le caractère de Napoléon. Nous avons dit avec conscience comment les passions d'un seul homme avaient imprimé à la marche d'un grand peuple une accélération et une direction funeste. Si nous n'avons point hésité à reconnaître les causes immédiates de nos malheurs, il est resté cependant au fond de notre ame quelques doutes sur ce qui serait arrivé, si nous nous fussions tenus envers les autres peuples dans des rapports de modération et de justice. La France pouvait-elle subsister libre et puissante à côté de la libre et puissante Angleterre?

La nation française n'avait pas attendu, pour

vaincre, que Bonaparte apparût dans nos rangs, et les Anglais avaient juré notre perte avant qu'il projetât la leur. Ils savaient par leur propre histoire que les révolutions sont pour les États des améliorations plus ou moins douloureuses, et qu'abandonnées à elles-mêmes elles laissent toujours pour produit net une augmentation de puissance [1]. C'était assez de la volonté nationale pour irriter nos ennemis de tous les temps contre le consolant avenir que nous promettaient des institutions nouvelles.

Un sentiment moins justifiable dans ses motifs et plus actif dans ses effets, vint s'y joindre. L'Angleterre est une république conduite par les représentans héréditaires et temporaires de l'aristocratie, et dans laquelle la couronne

---

[1] Charles Jenkinson disait au Parlement d'Angleterre : « La France est votre ennemie naturelle : république, » elle l'est encore plus que monarchie. On sait moins où » s'arrêtera un peuple qu'un roi. » Celui qui tenait ce langage en 1792 était, sous le nom de *comte de Liverpool*, premier ministre d'Angleterre en 1814.

royale n'est qu'une couronne de pair un peu plus ornée que les autres. Les cris d'égalité poussés avec ivresse sur le rivage gaulois avaient trouvé de nombreux échos à l'autre bord de la Manche. Presque tous ceux qui partageaient les avantages du gouvernement de la Grande-Bretagne tremblèrent pour leur autorité et leurs richesses. Remontant à la source du mal, ils résolurent d'exterminer la révolution et la France. Les décrets des aristocraties sont immuables, parce qu'ils expriment des intérêts qui ne changent jamais.

Dès l'année 1791, les agens anglais sur le continent commencèrent à ameuter l'Europe contre les Français, violateurs de la majesté des trônes. La situation personnelle de Louis XVI n'entrait que comme un prétexte dans ces menées diplomatiques; car plus tard le cabinet de Saint-James, si habile dans l'art de la corruption, ne tenta pas le moindre effort pour sauver la tête de l'infortuné monarque, et l'on serait porté à croire qu'une politique féroce s'est réjouie de voir deux ou trois cents individus commettre au milieu de nous, moins par opinion que par peur, un crime d'origine anglaise. Quoi qu'il en soit, l'Europe était en armes, et le canon grondait depuis Anvers jusqu'à Nice, avant que la puissance, première instigatrice de la querelle, fût entrée dans la lice des combattans. La Convention nationale déclara la guerre à la cour de Londres le 1er février 1793.

L'Angleterre a opposé à la France ses armées de mer et de terre, et surtout ses trésors et ses intrigues. Notre marine, régénérée pendant la guerre d'Amérique, avait été désorganisée par la révolution. Avec des flottes dépouillées d'officiers, et peuplées de matelots insubordonnés ou novices, nous n'avons pas pu balancer la supériorité de cette race de tritons, qui avait rangé sous son pavillon presque toute l'Europe maritime. Nos vaisseaux ont été pris ou détruits un à un, ou par escadres.

Les premières expéditions militaires des Anglais ont réussi seulement en ce qui dépendait de la marine. Toulon leur fut livré par la trahison, et ils ne surent pas s'y maintenir. L'île de Corse, dégarnie de troupes et théâtre de faction, fut une proie facile. Ils envoyèrent une armée attaquer les Antilles françaises, que la métropole avait délaissées. Saint-Domingue échappa à leur domination, grâce à l'énergie de la population noire. Nos autres possessions lointaines furent conquises. Quand la Hollande et l'Espagne furent entrées dans le système de la république française, les colonies hollandaises et les îles espagnoles éprouvèrent le même sort. La conquête de l'archipel des Indes occidentales a coûté cher à l'Angleterre. Trente mille de ses vétérans ont été dévorés par la maladie sur cette terre, dont les poisons sont toujours prêts à venger les vieux attentats de l'Europe contre elle.

Les drapeaux de l'armée n'attirèrent pas à eux, dans la guerre continentale, la moindre parcelle de la gloire que recueillait sur toutes les mers le pavillon britannique. Dix mille Anglais, débarqués à Ostende peu de temps après la déclaration de guerre, se joignirent à vingt-cinq mille Hanovriens, Hessois, Brunswickois. Cette armée anglo-allemande que commandait le duc d'York, et dans laquelle servaient deux autres fils du roi d'Angleterre, fut employée aux opérations qui précédèrent l'investissement de Valenciennes et au siége de cette place. Valenciennes tombé, Cambrai bloqué et les Français hors d'état de recevoir une bataille, le chemin de Paris était ouvert aux coalisés. Les Anglais voulurent alors opérer pour leur compte ; et tournant brusquement à droite, ils mirent le siége devant Dunkerque. Les Français allèrent au secours. L'attaque de la place avait été mal dirigée. Le duc d'York ne sut pas prendre un parti décisif. Son armée d'observation s'était fait battre à Bambecke et à Hondschoote ; il leva précipitamment le siége, abandonna la plus grande partie de la grosse artillerie, et ne dut qu'à l'incapacité de son adversaire, le général Houchard, d'avoir pu échapper à un plus grand désastre.

Après cet essai malheureux, le corps du duc d'York combattit mêlé avec les Autrichiens et les Hollandais. L'infructueuse défense de la West-Flandre et des Provinces-Unies pendant la campagne de 1794, fut terminée par une retraite pillarde. Les Anglais regagnèrent leur île, emportant avec eux les malédictions du peuple, et laissant à la coalition le fâcheux souvenir de leur incompatibilité d'humeur avec les autres troupes, même avec celles de l'électeur d'Hanovre.

L'or de l'Angleterre était un instrument de destruction plus redoutable que ses armées et ses flottes. La guerre moderne traîne à sa suite un matériel coûteux et des fourmilières de soldats. Une industrie prodigieusement active peut seule en supporter long-temps les frais. Les rois levèrent des hommes et fabriquèrent des armes; le ministère britannique se chargea de tout payer. Il raviva les passions quand elles s'éteignaient, et les rendit atroces dès qu'elles commençaient à se civiliser; ce fut par lui, et dans ce temps-là par lui seul, que l'humanité fut condamnée à la guerre éternelle.

Nos troubles intérieurs offraient au génie du mal un vaste champ à exploiter; le gouvernement anglais était partout, la bourse à la main, quêtant la défection, excitant à la révolte, enrégimentant les proscrits et les traîtres. Il arriva qu'une de nos provinces éloignées se sépara violemment des autorités centrales qui avaient renversé le trône et l'autel. L'insurrection partait du peuple. Tout ce que produit la conviction populaire porte en soi le caractère de la grandeur. Aussi la guerre de la Vendée a revêtu d'une splendeur incomparable quelques pages de notre histoire. On n'a vu nulle part ailleurs tant de noble vaillance et une pareille unanimité de dévouement. Quand ces braves eurent été écrasés par le nombre, l'Angleterre, en retard cette fois, arriva comme auxiliaire. Elle transporta dans la presqu'île de Quiberon une expédition de Français émigrés, qui certes méritaient un sort meilleur, mais dont l'ardeur vaniteuse n'était pas en harmonie avec l'énergie native des paysans qui avaient relevé le drapeau blanc. Dès-lors la Vendée, souillée par l'acceptation de l'assistance étrangère, changea de nature ; on fit quelques années encore, sur les deux rives de la Loire, une guerre de partisans que favorisait le pays coupé et semé d'obstacles de tout genre ; nos ennemis souriaient en voyant des mains françaises répandre le sang des Français.

L'Angleterre avait aussi une Vendée prête à éclater : c'était l'Irlande accablée sous le double poids de l'asservissement politique et de l'oppression religieuse. Les annales de ce pays, depuis qu'il a été envahi par ses voisins, à la fin du douzième siècle, sont un long récit d'expropriations et de massacres. Dans les derniers jours de 1796, une flotte et une armée, aux ordres du général Hoche, furent envoyées par le Directoire exécutif de France pour délivrer les malheureux Irlandais. Les vaisseaux furent dispersés par la tempête, quelques-uns seulement se montrèrent à la côte occidentale de l'île et n'essayèrent pas de débarquement.

L'année suivante, le traité de Campo-Formio rétablit la paix du continent. Les troupes françaises se massèrent sur le rivage de l'Océan et de la Méditerranée. Alors nous donnions à nos armées les noms des pays qu'elles devaient envahir. Presque toutes les forces nationales, partagées en plusieurs corps, et commandées par le plus illustre général de la République, Bonaparte, firent partie de l'armée d'Angleterre. M. Pitt, qui dirigeait les conseils de nos ennemis, se prévalut de ces circonstances pour développer l'énergie militaire du peuple anglais. Les inquiétudes que nos menaces avaient fait naître furent tout-à-fait dissipées quand on sut à Londres le point vers lequel se dirigeait l'armement de Toulon.

Si Bonaparte et ses braves eussent débarqué en Irlande, au lieu d'être transportés en Égypte, d'autres destinées étaient préparées au monde. On préféra le roman à l'histoire. L'Irlande nous attendait, l'Irlande qui se rapproche tant du caractère français par l'humeur ardente et impressionnable de son peuple, surtout par la haine contre l'ennemi commun. Quoique négligés par leurs alliés, les Irlandais prirent les armes au mois de mai 1798. L'insurrection avait été prévue. L'île était couverte de troupes de ligne anglaises et de milices dévouées au gouvernement. Elles combattirent avec cruauté dans une guerre injuste. Les chefs ne firent que saccager et décimer. Aucun secours ne vint du dehors aux Irlandais unis; de plusieurs expéditions incomplètes sorties des ports de France, une seule parvint à destination, et elle arriva trop tard. Elle était composée de mille enfans perdus commandés par Humbert, soldat ignorant, mais intrépide, qui avait le grade de général de brigade. Ils abordèrent à la côte de Killalu dans le nord-ouest de l'Irlande. La prudence ne permettait pas aux habitans du pays, encore attérés des calamités qui avaient suivi le dernier soulèvement, de faire éclater les sentimens dont ils étaient animés contre les oppresseurs. Cinquante mille hommes d'infanterie et de cavalerie régulières, de milices et de fencibles, s'ébranlèrent de tous les points de l'île. Le plus habile homme de guerre qu'eût alors l'Angleterre, le marquis de Cornwallis, se mit en campagne. Les escadres bloquèrent la baie de Killalu. Après plusieurs combats glorieux et une marche désespérée de cinquante lieues, notre bande aventurière, que le fer et le feu de l'ennemi avaient diminuée d'un cinquième, enveloppée par trente mille soldats, pressée par devant et chargée par derrière, fut forcée de céder. On inséra dans la Gazette de la cour le récit de la victoire remportée *sur l'armée française à la bataille de*

Ballynamuck[1]. La Grande-Bretagne triompha, mais la république française ne fut nullement ébranlée dans ses fondemens.

Nous ne parlerons pas de quinze cents Anglais, tous soldats d'élite, envoyés à Ostende pour détruire les écluses de Slickens, et mettant bas les armes devant une partie de la quarante-sixième demi-brigade. Le cabinet de Saint-James attendit, pour entreprendre quelque chose d'important contre les Français, que les hostilités eussent recommencé en Europe.

Pendant les mois d'août et de septembre 1799, quarante-cinq mille Anglais et Russes descendirent en Hollande près de la pointe du Helder. La flotte batave du Texel tomba en leur pouvoir. Pour obtenir sur terre un succès équi-

---

[1] Les Anglais, dont les caricatures expriment si bien la vérité, ont fait une caricature représentant deux chariots chargés d'infanterie, suivis de plusieurs escadrons ayant en croupe un fantassin, et tous allant au galop contre un petit fantôme habillé à la française.

valent, il eût fallu avoir des ailes, tomber comme la foudre au milieu des Français éparpillés et effrayés de leur petit nombre; il eût fallu en même temps soulever l'opinion publique parmi les Hollandais. On avait mal choisi le point d'attaque. Le débarquement des troupes ne fut pas simultané. Le duc d'York marcha lentement. Il espérait que ses partisans de l'intérieur se déclareraient pour lui; ceux-ci restèrent immobiles et se plaignirent de ce que leurs libérateurs ne faisaient pas des progrès plus rapides.

Cependant le général Brune avait rassemblé l'armée gallo-batave; soit calcul, soit hasard, la plus grande partie des troupes anglaises fut opposée aux Hollandais, et les Russes eurent à lutter contre les Français. Après plusieurs batailles, l'armée attaquante s'affaiblissant tous les jours, pendant que l'armée défensive recevait des renforts, le duc d'York pensa à la retraite; il obtint pour rembarquer ses troupes une capitulation qui eût été plus dure, si le général vainqueur avait eu davantage le sentiment de sa force.

Les Russes échappés de la Hollande furent déposés dans l'île de Jersey, d'où ils menaçaient la Normandie. L'Angleterre marchanda le port de Brest à des misérables qui promettaient de le lui vendre; elle sema sur les côtes de Bretagne des germes de guerre civile qui ne fructifièrent point. Chaque chose a son temps, et le temps des miracles de la Vendée était déjà loin. Il y avait de la folie à vouloir, après dix ans d'émancipation, faire la contre-révolution en France avec des sentimens et des uniformes anglais. Au reste, les illusions des mécontens reposaient sur la faiblesse et l'impopularité du pouvoir exécutif de la République; elles s'évanouirent lorsque Bonaparte, revenu d'Égypte, fut proclamé consul.

Le premier acte du gouvernement nouveau fut d'offrir la paix aux ennemis de la France. Bientôt l'empereur de Russie se détacha de la coalition. Le ministère britannique voulut continuer la guerre ; il avait mis en mouvement plusieurs expéditions qui voguaient alors sur les mers. Pendant que les Autrichiens étaient battus à Marengo, un corps, aux ordres du général Abercrombie, se rafraîchissait dans l'île de Minorque ; la flotte qui le portait vint ensuite jeter des bombes dans la ville de Cadix que ravageait la fièvre jaune. Un autre corps, fort de onze mille hommes, commandé par le lieutenant-général sir James Pulteney, débarqua près du Ferrol, vit les murs de la place et s'en retourna. L'Angleterre avait, en 1797, garni le Portugal de troupes à sa solde ; elle les retira, et, en 1801, quand l'armée combinée de France et d'Espagne se présenta aux frontières, il ne restait dans ce royaume qu'un faible détachement, précisément ce qu'il fallait pour compromettre la nation portugaise.

La campagne d'Égypte eut un caractère plus grave ; dix-sept mille hommes de troupes britanniques aux ordres du lieutenant-général sir Ralph Abercrombie, sept mille Anglais ou Cipayes partis de l'Inde, et soixante mille Osmanlis se jetèrent, avec l'appui unanime de la population musulmane, sur une colonie militaire qui n'avait pas pour se défendre seize mille soldats portant sabres ou fusils. Le moral de l'armée française s'était affaibli au départ de Bonaparte et avait péri avec Kléber; tous les regards étaient tournés vers l'Occident. Néanmoins la bataille du 21 mars 1801, toute honorable qu'elle fut pour les Anglais, n'aurait pas décidé du sort de l'Égypte, si le général en chef Menou avait eu la confiance des soldats et s'il n'avait point partagé l'armée entre Alexandrie et le Caire.

La paix d'Amiens servit à démontrer que le monde n'était pas assez grand pour contenir à la fois l'Angleterre et Bonaparte. Le cabinet de Londres rompit le traité, et, conformément aux maximes de son droit public, s'empara de tous les vaisseaux français qui couvraient la mer. Le premier consul, par une représaille légitime, mit la main sur les individus anglais qui voyageaient dans les pays soumis à sa domination. La France se présenta sur les falaises de Boulogne, debout et menaçante; l'Angleterre accourut en armes sur le rivage opposé.

La question n'était pas la même pour les deux puissances belligérantes. L'une jouait sa flotte et une partie de son armée; être ou ne pas être, tel était pour l'autre le problème à résoudre. Non content d'augmenter l'armée de ligne de cinquante bataillons, et de mobiliser la milice, le gouvernement britannique appela aux armes la nation entière. Les Anglais de tout âge et de tout rang prirent l'uniforme et s'accoutumèrent aux exercices militaires. Les côtes de Kent et d'Essex se couvrirent de batteries et de tours défensives. On annonça au peuple que les Français allaient débarquer; on lui disait les lieux où il fallait conduire les femmes, les enfans, les bestiaux et les vivres; les routes qu'on devait couper, les points sur lesquels les levées en masse se réuniraient. On recommandait d'éviter la bataille et de profiter des haies et des enclos pour faire la guerre de tirailleurs. On prévoyait même la prise de Londres, et ce qui resterait à faire ensuite pour sauver la patrie.

Les Français ne vinrent pas, et l'Angleterre conserva ses bataillons de renfort, sa milice enrégimentée, ses cinq cent mille volontaires, le goût des uniformes et des exercices guerriers, et par conséquent plus de facilité pour la formation et le recrutement des troupes destinées à agir à l'extérieur. Elle recueillit, vers le même temps, les débris de l'armée électorale chassée du Hanovre. Survint ensuite le désastre de Trafalgar, plus complet que ne l'avait été celui de la Hogue au temps de Louis XIV. La marine britannique se reposa, parce qu'elle n'avait plus d'ennemis à combattre; l'élan national se tourna vers les étendards de l'armée de terre, long-temps dédaignés.

On ne s'en aperçut pas d'abord sur le continent. Au commencement de la guerre, les ministres d'Angleterre avaient soudoyé et transporté en France des assassins chargés d'attenter à la vie de Napoléon Bonaparte. Quand, à la fin de 1805, l'agression de l'Autriche eut détourné l'orage qui menaçait la Grande-Bretagne, cette puissance, désormais hors d'atteinte sur son territoire, se contenta d'envoyer quelques troupes qui se joignirent à un corps russe et occupèrent Naples pendant la campagne d'Austerlitz. On eût dit qu'elles venaient tout exprès pour attirer les armes victorieuses des Français, et pour motiver l'envahissement du royaume. Ces auxiliaires malencontreux n'attendirent pas l'ennemi, et laissèrent aux nationaux le soin de défendre la place de Gaëte.

Six mois après, le lieutenant-général, sir John Stuart, débarqua à Sainte-Euphémie avec dix mille Anglais, presque autant de Siciliens et quelques Napolitains réfugiés. La plage même du débarquement a été plus tard le théâtre d'un combat court, mais vif, où les Anglais ont repoussé un corps de troupes françaises commandé par le général Reynier. On a ignoré cette échauffourée partout ailleurs qu'en Angleterre; dans ce temps-là, la renommée n'embouchait sa trompette que pour des faits d'armes d'un ordre plus éclatant. Malgré le voisinage de la Sicile, malgré la coopération des bandes calabroises et le peu d'importance que Napoléon attachait aux opérations dans ces contrées éloignées, sir John Stuart ne put se maintenir à demeure au fond de la péninsule italique.

Dans la combustion de l'Allemagne du nord, pendant les années 1806 et 1807, on vit dans les camps russes et prussiens des ministres et des bailleurs d'argent, mais non des soldats anglais. Le cabinet employa les escadres et quelques troupes de terre à des expéditions qui devaient compléter sa suprématie coloniale et maritime. Un plan d'attaque, tracé sur une grande échelle, fut essayé contre l'Amérique espagnole, et aboutit à la défaite du lieutenant-général Whitelocke, à Buenos-Ayres. L'armée de la Méditerranée acheva, par un débarquement intempestif en Égypte, la ruine des Mameloucks. Dans le même temps, l'Europe retentit de la présomptueuse apparition de la flotte de l'amiral Duckworth devant les murs du sérail de Constantinople. L'amiral Gambier et le général lord Cathcart réussirent mieux dans l'attentat contre Copenhague; cette capitale fut bombardée et prise; la marine danoise mise au pillage.

Dans l'Inde aussi, la Grande-Bretagne amassait du profit sans honneur : depuis vingt ans elle s'y agrandissait sans relâche, tantôt par les armes, tantôt par la corruption, quelquefois en répétant les cruautés de Pizarre, sans jamais avoir besoin du génie de Cortez. Ses généraux donnaient aux princes et aux nations des leçons de morale à la manière anglaise; le contre-coup de cet accroissement de puissance dans des régions lointaines se faisait sentir en Europe : quelques officiers apprenaient la guerre et le commandement des armées.

Bientôt cet art nouveau pour les Anglais allait leur devenir nécessaire presque à l'égal de la science navale. L'Angleterre a un territoire peu fertile et invariablement limité par la nature ; elle porte une race d'hommes qui pullulent beaucoup et consomment énormément ; leurs passions sont ardentes et leurs désirs sans bornes ; les deux hémisphères suffisent à peine à leur appétit dévorant. Bien que leurs corps soient robustes, leurs ames énergiques et leurs esprits industrieux, ils ne sont pas en assez grand nombre pour tenir à la fois l'Europe, l'Asie, l'Afrique et l'Amérique. Mais ces rois de la mer étaient, pour chaque contrée, les dispensateurs exclusifs des produits du reste du monde. Ils avaient rendu tributaires de leur industrie les peuples qu'ils n'étaient pas assez forts pour réduire à l'état de sujets ; une telle domination ne pouvait se soutenir et s'accroître que par une imperturbable persévérance.

Après la paix de Tilsitt, Napoléon n'avait plus d'ennemis que les Anglais. La puissance britannique, principe toujours vivace des résistances qu'on lui opposait, n'avait pas cessé d'être le point de mire définitif de ses attaques. Il y avait impossibilité physique d'arriver à elle; mais on pouvait, en obstruant les débouchés de son industrie, et en lui enlevant les profits du commerce maritime, l'empêcher d'étendre son empire sur nous. Seigneur absolu de la plus grande partie des côtes de l'Europe, maîtrisant le reste par son influence sur les cabinets, l'empereur des Français voulut que tous les rivages se défendissent des marchandises et des vaisseaux britanniques, comme ils se défendaient des flots de la mer.

Si un champion cuirassé descendait dans l'arène que se disputent des gladiateurs dépourvus d'armes défensives, ne serait-il pas de l'intérêt commun des combattans de suspendre leurs querelles et de se réunir contre celui qui porte des coups sans en recevoir? Ce champion cuirassé, c'était, selon les idées de Napoléon, l'Angleterre, restant invulnérable, tandis que les progrès de la guerre avaient rendu les États du continent si faciles à déchirer. Derrière son grand fossé, l'Angleterre se riait des malheurs du monde; Napoléon essaya de l'en punir, et quoique cette entreprise n'ait pas réussi, elle conservera dans la postérité un aspect de grandeur et d'éclat.

Mais en supposant même que le système d'exclusion fût un moyen de prospérité future pour le continent, il n'est jamais facile de faire sacrifier aux hommes ce qui leur plaît aujourd'hui pour ce qui leur sera avantageux demain. La cessation subite de l'arrivage des marchandises anglaises, et surtout des denrées coloniales, contrariait les goûts et les habitudes des peuples; en même temps ils étaient attaqués dans la production agricole par l'avilissement du prix des denrées qui ne trouvaient plus d'écoulement au dehors. L'assentiment sans réserve des princes et des sujets sur tout le continent, était donc la première et l'indispensable condition de la mise en action du système continental. A quel titre Napoléon eût-il obtenu cet assentiment? Depuis qu'il avait étouffé la liberté dans son pays, sa voix avait perdu le don de persuader; le mal qu'il avait fait lui ôtait même le droit de faire du bien, et son glaive, qui ne se reposait point, était l'effroi des nations et des monarques.

Ainsi, quand la politique de leur Empereur ouvrait aux Français une carrière d'honneur et de prospérité, ils avaient perdu le mouvement moral nécessaire pour la parcourir avec succès. Les Anglais chassés de partout, réduits à l'alliance du roi de Suède en Europe, et du roi d'Haïti en Amérique, étaient plus près de triompher qu'en 1793, lors du blocus de Cambrai et de la prise de Toulon. En effet, l'ambition immodérée et toujours croissante de leur adversaire établissait graduellement entre ces insulaires et le continent des rapports sympathiques, dont eux-mêmes s'étonnaient. Aussi les vit-on porter appel de la trop longue patience des rois pardevant le tribunal des peuples. Entre les corsaires qui pillent les flottes et les légions qui désolent la terre, le choix des nations ne pouvait pas être douteux. Nous-mêmes, embarqués à la merci du conquérant sur cette mer sans rivages, ne nous est-il pas arrivé de désirer en secret, non que l'Angleterre triomphât, un vœu si impie n'a jamais trouvé accès dans notre cœur, mais qu'elle ne fût pas tout-à-fait écrasée, parce qu'elle se présentait à notre confiante prud'homie, comme le boulevard de la civilisation et le dernier refuge de la liberté?

L'inquiétude que manifestèrent les manufacturiers et les capitalistes à la publication des décrets de Berlin et de Milan, trahit le péril de cette nation trafiquante. Le système continental n'était pas une de ces mesures qui manquent partout, quand elles ont manqué sur un point, et toujours quand elles ont manqué une fois. Sans examiner si son exécution rigoureuse aurait réussi à épuiser promptement les ressources de l'empire britannique, toujours est-il que de simples essais suffisaient pour lui causer des dommages irréparables. Napoléon avait trouvé le point vulnérable. Il ne s'agissait de rien moins, pour nos ennemis, que de la fortune publique, et partant de l'existence nationale. L'Angleterre le sentit ; elle fit descendre les masses de ses propres soldats sur les champs de bataille, et l'Europe vit enfin des funérailles anglaises.

C'est une conséquence de la composition et des formes du Parlement britannique, que le gouvernement suive sans déviation la ligne des intérêts de l'aristocratie territoriale et mercantile ; mais sa marche s'accélère en raison des talens, et suivant les vues personnelles de ceux qui sont au timon des affaires. Georges III régnait, vénérable par un demi-siècle de royauté nationale et de vertus domestiques; il était sur le point de tomber pour la troisième fois dans l'aliénation mentale, et le peuple le savait à peine. Dans ce pays, on s'inquiète moins du personnage inviolable qui est le Roi, que des agens responsables chargés de l'exercice de l'autorité. Les deux grands hommes d'État de la fin du dix-huitième siècle avaient disparu à neuf mois d'intervalle l'un de l'autre. Premier ministre en 1792, Fox aurait peut-être sauvé Louis XVI, la France, et tant d'autres monarchies, principautés et républiques; car l'animosité tracassière du cabinet de Saint-James fut la cause la plus influente de notre tourmente révolutionnaire, et du débordement d'esprit militaire qui s'en est suivi. Arrivant au pouvoir en 1806 après la mort de Pitt, Fox ne tarda pas à reconnaître que des maux faciles à prévenir sont souvent très-difficiles à réparer; son administration fut terne et nonchalante. Les hommes, qui recueillirent l'héritage de Fox et de ses collègues, étaient classés, dans l'estime de la nation, bien au-dessous de leurs devanciers; mais le cabinet où siégeaient les Parceval, les Castlereagh, les Liverpool, ne fléchissait devant aucune considération de probité politique, et son homogénéité lui communiquait un pouvoir d'action rempli d'énergie. Disciples de Pitt, les nouveaux ministres avaient évoqué le génie de leur maître, et conçu l'idée de bombarder Copenhague. Heureusement pour le succès de leur cause, dans cette concurrence d'oppression et de misères publiques, Napoléon marchait plus vite qu'eux. Il ne tarda pas à fournir aux Anglais un théâtre de guerre disposé de façon, que, mettant en campagne moins de troupes que la France, nos rivaux purent cependant engager dans chaque bataille et dans chaque rencontre, une force numérique supérieure à la nôtre.

Il est des paradoxes qui, à force d'être répétés, finissent par devenir des proverbes, et presque des axiomes. Les Anglais étaient regardés universellement comme des loups de mer inexperts, déconcertés, impuissans, dès qu'ils abordaient au rivage. Si leur orgueil patriotique, se révoltant contre ce préjugé, répétait les noms de Créci, de Poitiers et d'Azincourt, on leur répondait que les armées d'Édouard III et de Henri V étaient formées de Normands, de Poitevins, de Gascons. Il se trouvait cependant parmi les vainqueurs un bon nombre d'Anglais natifs, et ce n'était pas eux qui avaient porté les coups les moins assurés. Le Prince-Noir et Talbot étaient nés dans Albion. Plus près de notre époque, Marlborough et ses douze mille soldats n'avaient pas été les moins redoutables ennemis de Louis XIV. La colonne de Fontenoi eût suggéré à un autre Bossuet l'image d'une tour qui d'elle-même répare ses brèches. Même depuis que le vif éclat de la gloire française avait décoloré et notre vieille histoire et l'histoire moderne de nos ennemis, on avait remarqué dans les troupes britanniques employées en Flandre, et plus tard en Hollande, à côté d'une direction générale, molle et vicieuse, force coups de vigueur et d'audace. Nos soldats, revenus d'Égypte, disaient à leurs camarades la valeur indomptée des Anglais. D'ailleurs il n'était pas besoin d'une réflexion profonde pour deviner que l'ambition, la capacité et le courage sont bons à autre chose qu'à être embarqués sur des vaisseaux.

Ne cherchez pas en Angleterre cette ardeur belliqueuse, vague dans son objet, qui se joue avec la mort, et qui, sentie par toutes les conditions, sous des nuances différentes, étend sur les mœurs du peuple une teinte chevaleresque. Les Anglais, pris un à un, se recommandent par des vertus privées, une volonté précise et un jugement droit. Considérés en corps de nation, les classes inférieures sont brutales, les classes élevées orgueilleuses, cupides et profondément calculatrices. On ne leur connut jamais de rivaux pour l'habileté et la hardiesse à affronter les dangers de la mer. Les révolutions leur ont donné la liberté. De la liberté est venue la richesse; et la richesse n'a pas énervé leur courage. Ne respirant à l'aise que dans l'espace, cruels dans leurs divertissemens, passionnés pour les exercices violens, ils ont conservé, à travers une sociabilité corrompue, les goûts, les jeux, les habitudes que leurs barbares ancêtres avaient dans les forêts. Leur humeur inquiète et voyageuse les rend propres à la vie errante des guerriers, et ils possèdent une qualité, la plus précieuse de toutes sur les champs de bataille, le calme dans la colère.

Une population ainsi conformée pourrait, quoique peu nombreuse, être un puissant lévier dans la main d'un gouvernement qui cheminerait suivant une tendance absolue. Elle serait le fléau de l'espèce humaine, si ce gouvernement, n'ayant rien à craindre pour la sûreté du pays, disposait, dans l'attaque, des facultés de la génération présente et des trésors des générations futures, sur lesquelles il tirerait des lettres-de-change à volonté. Telle est la puissance anglaise dans ses rapports de police intérieure, et avec les autres peuples. C'est Bonaparte en action, mais Bonaparte toujours jeune et toujours vigoureux, Bonaparte persévérant dans sa passion, Bonaparte immortel. Dominer et grandir, voilà le but invariable de l'oligarchie britannique, n'importent les moyens. Aussi, voyez-la soutenir, avec une chaleur égale, les causes justes et celles qui ne le sont pas. Dirigeant aujourd'hui la ligue des rois contre les peuples, elle sera demain auxiliaire des peuples contre les rois. Là elle accélérera le développement de l'esprit humain; ailleurs elle armera la colère aveugle du sauvage contre le travail de l'homme civilisé. Le même trésor paiera l'assassinat de Paul Ier, et versera des secours sur les incendiés de Moscou. La même torche embrasera les édifices sacrés de Washington et les flottes déprédatrices d'Alger.

L'Angleterre a été, parmi les grandes puissances européennes, la dernière à entretenir des troupes soldées. Henri VII et Elisabeth eurent des gardes-du-corps. Charles II avait appris le despotisme à la cour de Louis XIV. Il créa trois régimens d'infanterie et deux escadrons de cavalerie, qui ont été la souche de l'armée de ligne. Survinrent ensuite l'expulsion des Stuarts et les règnes belliqueux de Guillaume III et d'Anne. A chaque guerre nouvelle, on a augmenté l'armée, et après la paix l'établissement est resté plus considérable qu'il ne l'était avant les hostilités. La révolution française a favorisé le penchant de la couronne à accroître toujours les forces de terre. Au 1er. janvier 1792, l'armée était de quarante-deux mille six cent soixante-huit hommes, dont douze mille sept cent trois employés sur le territoire de la Grande-Bretagne, neuf mille quatre cent cinquante-trois en Irlande, et vingt mille cinq cent douze dans les possessions au-dehors. Au 1er janvier 1808, l'Angleterre avait sur pied, pour le service de terre, six cent cinq mille quatre cent quarante-neuf hommes, savoir : deux cent vingt-neuf mille cinq cent quatre-vingt-seize d'infanterie, de cavalerie et d'artillerie, formant, à dix mille hommes près, le complet de l'armée de ligne; soixante-dix-sept mille cent quatre-vingt-quatre miliciens enrégimentés, parfaitement disciplinés, asservis au régime des troupes régulières, avec cette seule différence qu'ils ne peuvent pas être envoyés hors du territoire des trois royaumes; deux cent quatre-vingt-dix-huit mille six cent soixante-neuf volontaires, répartis dans des corps de toute arme et de dénominations différentes, telles que volontaires, fencibles, yeomanry. La plupart étaient habillés aux frais de l'État. Ils ne se rassemblaient qu'à des époques fixes ; et, à l'exception d'un certain nombre d'officiers et de sous-officiers en service et payés toute l'année, ils ne recevaient la solde que pendant le temps du rassemblement. Nous ne comprenons, dans l'état de l'armée anglaise, ni les troupes du service de la Compagnie des Indes, ni vingt-deux mille cinq cents Allemands et autres étrangers à la solde britannique, employés les premiers dans toutes les expéditions.

Les volontaires furent institués au plus fort de la terreur que causait la propagation des principes révolutionnaires, et avec le dessein secret de maintenir la population dans l'ordre, en la classant et la disciplinant. Le nombre en grossit outre mesure lorsque le pays fut menacé d'être envahi. On a créé, en 1808, une milice locale, qui ne pouvait, dans aucun cas, sortir du comté, et dont les cadres seuls étaient en permanence. Forte de plus de deux cent mille hommes, et prête à rendre les mêmes et de meilleurs services que les volontaires, elle a dû compenser avec certitude la diminution des forces résultant de la dissolution graduelle de ces corps de circonstance. L'ancienne et la nouvelle milices étaient recrutées par la voie du sort. On pouvait les considérer comme des réservoirs de soldats destinés à alimenter, par des moyens plus ou moins directs, l'armée de ligne, la seule portion de la force publique dont nous nous occuperons, parce qu'elle est la seule immédiatement disponible pour la guerre extérieure.

Les institutions militaires de la Grande-Bretagne ne ressemblent pas plus à celles des autres puissances, que le peuple anglais aux autres peuples. Tolérée par la constitution comme un mal nécessaire, l'armée, malgré son nom de permanente (*standing army*), n'a qu'une existence temporaire. Un acte du Parlement (*muting bill*), provoqué, délibéré et arrêté dans la forme des autres statuts législatifs, la met sur pied d'année en année, rappelle qu'aucune troupe ne peut être levée sans le consentement des lords spirituels et temporels et des communes, fixe la quotité des troupes d'après les circonstances du temps, détermine quelques détails du régime administratif, et renouvelle les réglemens de police et de pénalité auxquels sont assujettis les militaires, par exception au droit commun. Au défaut de cet acte, l'armée serait dissoute de droit; et dans l'état actuel de l'opinion, il est à croire qu'elle se débanderait de fait. Les troupes de terre passent, dans la considération publique, après l'armée navale. Ce classement est raisonnable, car les remparts de bois sont la meilleure protection de la vieille Angleterre. Heureuse nation, qui défend les tombeaux de ses ancêtres, et attaque ses ennemis avec des armes que le pouvoir ne peut pas tourner contre la liberté des citoyens!

Le contrat solennel connu sous le nom de bill des droits, en vertu duquel la maison de Brunswick occupe le trône d'Angleterre, porte que l'armée ne sera pas réunie par portions dans des camps ou des casernes. Par suite de cette disposition, les soldats ont été long-temps, soit en marche, soit en cantonnement, logés et même nourris dans les auberges. Les plus célèbres publicistes du dix-huitième siècle regardaient le mélange continuel des hommes de guerre avec les citoyens comme un préservatif aux dangers qu'entraînent la permanence obligée et l'augmentation de l'armée. Dès l'année 1791, le ministre Pitt, sous des prétextes frivoles de discipline intérieure et d'économie, obtint de bâtir des casernes près de la capitale. Plus tard, la crainte de la descente fit concentrer les troupes sur les côtes, et on fut obligé d'y construire de vastes logemens. Les agens de l'autorité exécutive n'ont pas manqué de constituer en régime définitif une dérogeance aux anciens usages commandée par le besoin du moment. Maintenant, l'infanterie, la cavalerie et l'artillerie anglaises presque entières, vivent séparées du peuple dans des casernes dont quelques-unes sont bâties à l'entrée des landes. Un office administratif, sous le nom de *barrack department*, est chargé de la construction, de l'ameublement et de l'entretien des casernes, et absorbe annuellement une portion du revenu public suffisante pour l'établissement militaire d'une puissance du troisième ordre.

Le Roi est le chef suprême de l'armée comme de l'État; mais, dans l'État, il ne fait que ce que la loi lui permet. Dans l'armée, il peut se permettre tout ce que la loi ne défend pas. Ce pouvoir, de peu de considération au temps de Marie et de Guillaume III, lorsque l'armée était de quinze ou de dix-huit mille hommes, est devenu exorbitant depuis que l'accroissement des forces de terre et l'agrandissement de l'empire ont décuplé le patronage de la couronne. La prérogative royale a été forcée, pour se conserver intacte, de se modérer elle-même par des réglemens fixes et inviolables comme la loi, et de se fondre dans l'intérêt de la classe dominatrice. Pénétrés de respect pour leur chef auguste, les officiers et même les soldats savent cependant que le Roi n'est ni la seule, ni même la première autorité du royaume ; si jamais ils l'oubliaient, l'acte par lequel ils existent en corps viendrait à propos, au commencement de chaque session du Parlement, pour les en faire ressouvenir.

L'armée anglaise se distingue entre toutes les armées du monde, par sa déférence envers le pouvoir légal. Ce sentiment honorable l'accompagne partout, et on a vu des militaires prévenus de crimes, se soumettre sans murmures à la juridiction des tribunaux des peuples conquis. Dans leur pays, les officiers ne paraissent en public avec l'uniforme et les décorations, que lorsque le service les y oblige. Tout leur dit qu'ils sont citoyens avant d'être militaires. Le moindre dizenier, *tithingman*, de paroisse passe, quand il le veut, la revue d'un corps avant de lui distribuer des billets de logement. Les régimens ploient les drapeaux et font taire les tambours quand ils traversent la cité de Londres ; il n'en est pas ainsi dans la partie occidentale de la ville. Là, au grand regret des amis de la liberté, les corps-de-garde et les casernes s'étendent comme une lèpre. Au moins, jusqu'à ce jour, les hommes armés sont modestes et inoffensifs. Un factionnaire hargneux, défendant son terrain, et qui s'imaginerait représenter le monarque, ne tiendrait pas un quart-d'heure dans les rues de Londres.

Comme l'armée est en dehors de la constitution, ses chefs n'ont point de rang assigné parmi les fonctionnaires publics, et on ne s'avise jamais de mettre la hiérarchie militaire en regard de la hiérarchie civile. Tous les officiers sont admis à la cour du souverain; mais, dans l'ordre des préséances, le fils dernier du dernier baronnet ou bachelier des trois royaumes passerait avant un maréchal, si celui-ci ne possédait pas d'autre titre de supériorité indépendant de son grade militaire.

L'armée se recrute par l'enrôlement volontaire. A cet effet, le territoire de la Grande-

Bretagne et de l'Irlande est divisé en arrondissemens, *recruiting districts*, auxquels sont affectés des officiers et des sergens recruteurs détachés des régimens. Ces derniers, renommés par leur subtilité, ont particulièrement occasion de l'exercer dans les grandes villes manufacturières de l'Angleterre, telles que Londres, Manchester, Birmingham. Ils font une récolte d'hommes abondante dans les provinces d'Irlande, réduites à la misère par les mesures oppressives du cabinet britannique. Le gouvernement puise encore des soldats dans les hôpitaux d'enfans trouvés, et parmi les pauvres que nourrit la charité publique. Il enrôle les hommes jusqu'à l'âge de quarante ans, et il admet au service des enfans au-dessous de seize ans, dont l'éducation s'achève dans les casernes. L'homme de recrue est payé par l'État 23 livres 17 schellings et 6 pences, à peu près 600 francs. Le haut prix des engagemens et la séduction de la taverne attirent sous les drapeaux la populace des villes et les mendians des campagnes. Un pair des royaumes unis, lord vicomte Melville, disait en plein Parlement, le 18 mars 1817, que les plus mauvais garnemens sont les plus propres à être soldats, et qu'il faut garder les bons sujets dans le pays [1]. Afin de faire apprécier à nos lecteurs, par un dernier trait, l'abjection du métier de soldat en Angleterre, nous leur apprendrons que le gouvernement a souvent fait entrer dans l'armée, en commutation de peine, des criminels condamnés à mort aux assises des comtés.

Autrefois l'enrôlement était à vie. Depuis l'année 1806, on peut s'engager pour sept ans ou pour toujours; mais le service illimité est encouragé de préférence, et des primes sont accordées aux rengagemens. Les hommes passaient à leur gré, des corps volontaires et de milice locale, dans l'armée de ligne. Dans ces

---

[1] *The worse men are the fittest for soldiers. Keep the better at home.*

derniers temps, le système continental, en diminuant les fabrications, avait transformé en soldats un grand nombre d'ouvriers sans travail. Malgré ces deux avantages, il a été reconnu que le recrutement habituel ne suffisait pas pour remplir les vides causés par l'état de guerre ; on a eu recours à la milice permanente. La puissance législative a offert des commissions d'officiers dans les régimens de ligne, aux officiers de milice qui persuaderaient à un certain nombre de leurs soldats d'y entrer avec eux. L'effet de cette mesure n'a jamais manqué dans des troupes provinciales, où, d'après l'institution, les grades sont distribués à peu près en raison des propriétés foncières et de l'influence dans la province. A la fin de la guerre d'Espagne, il arrivait au corps deux fois plus de recrues sortant de la milice que d'autres. Ainsi, le service forcé était devenu par le fait le principal élément de la formation de l'armée. Ceci explique pourquoi le peuple qui sait le mieux compter, s'est résigné à l'établissement dispendieux et peu utile en apparence de la milice permanente. La bonne espèce d'hommes qu'elle fournissait mitigeait les fâcheux résultats de l'enrôlement immédiat. L'armée anglaise réparant promptement ses pertes avec des soldats déjà rompus à la vie militaire a été plus redoutable aux ennemis.

L'ARMÉE reçoit, pour les mouvemens et les opérations, les ordres du secrétaire d'Etat au département de la guerre et des colonies (*secretary of state for war and colonies*). Ce ministère, l'un des premiers emplois du cabinet, a été confié successivement, pendant la durée de la guerre de Portugal et d'Espagne, à lord Castlereagh, au comte de Liverpool et à lord Bathurst. L'administration de la comptabilité des troupes d'infanterie et de cavalerie (l'artillerie et le génie appartiennent à un département séparé), leur habillement, leur budget, les vivres de la guerre, les marches, l'interprétation des actes du Parlement, relatifs à l'armée; le contre-seing des ordonnances royales sur la matière, constituent les attributions d'un autre office ministériel, celui du secrétaire de la guerre (*secretary at war*). L'office a été occupé dans ces derniers temps par sir James Pulteney, et ensuite par lord vicomte Palmerston. Le secrétaire d'État pour la guerre et les colonies et le secrétaire de la guerre sont, le plus souvent, étrangers au métier des armes. C'est au talent parlementaire ou à l'influence des partis qu'ils doivent leur élévation. Un officier-général, avec le titre de commandant en chef (*commander in chief of all His Majesty's forces*), est chargé du personnel de l'armée. La discipline, l'instruction, l'avancement, le recrutement, les remontes le concernent. Il surveille l'exécution des ordonnances et des lois, et il prépare les réglemens qui doivent les expliquer ou suppléer à leur silence.

Le commandement en chef des forces fut

long-temps un emploi subalterne. Celui qui l'exerçait était tenu à grande distance du pouvoir. Comme l'armée, peu nombreuse, courait peu de chances, on se traînait sans variation dans les vieux erremens. Les commissions et les faveurs royales étaient accordées sans discernement. On nommait enseignes, des enfans, à l'époque où l'on eût dû leur mettre le rudiment à la main ; et, dès qu'ils entraient dans l'adolescence, il n'était besoin, pour les porter à la tête des régimens, que du temps nécessaire à l'insertion dans la Gazette des promotions qu'ils obtenaient coup sur coup. Les lieutenans-colonels et les majors avaient des compagnies que d'autres commandaient. Les corps d'officiers étaient presque toujours incomplets, et ceux-là seuls résidaient au régiment, qui n'avaient pas assez d'argent pour payer un congé. L'administration et la comptabilité étaient livrées à un brigandage qui rendait misérable la condition du soldat.

Les mauvaises comme les bonnes doctrines

se lient et réagissent les unes sur les autres, pour rendre plus complet le mal ou le bien. Les régimens étaient aussi ignorans que mal conduits. On avait des ordonnances de manœuvre, mais anciennes et imparfaites, et comme les troupes n'étaient soumises sur ce point à aucun contrôle, les suivait qui voulait. On ne pouvait pas embrigader, parce que chaque chef de corps faisait manœuvrer les soldats à sa guise. Trois ou quatre régimens que le hasard réunissait, ne savaient comment se raccorder. L'infanterie ne conservait pas des distances égales, et ses mouvemens étaient continuellement ondulés. C'était pire encore dans la cavalerie. Les officiers de toutes les armes ne faisaient que boire et mener vie joyeuse. On payait des soldats, on n'avait pas d'armée.

La nomination de Frédéric duc d'York au commandement en chef, est le commencement d'une ère nouvelle pour l'armée anglaise. Son éducation fut dirigée vers la carrière des armes. Il profita jeune encore d'un long séjour sur le continent, pour suivre et étudier, dans son organisation intérieure, l'armée prussienne qui passait alors pour l'armée classique de l'Europe. La place de commandant en chef fut rehaussée par le choix qu'on fit de lui en 1795 pour la remplir. Si ses revenus n'ont pas toujours suffi pour mettre les personnes qui l'entouraient hors des atteintes de la séduction, au moins son rang et son caractère l'ont élevé au-dessus d'une foule d'intrigues journalières et subalternes. Il a pu attaquer quelques abus invétérés. Les ministres auraient-ils rejeté une proposition utile, quand elle était présentée par le fils chéri du roi d'Angleterre, par le prince qui, après la reine, était le premier dans le cabinet derrière le trône ? Le duc d'York est né avec un esprit plus juste qu'étendu. Le goût de ses fonctions et le sentiment de son devoir ont vaincu son penchant naturel à la dissipation. Voyant beaucoup par lui-même, quoiqu'il ait l'assistance de collaborateurs habiles, et connaissant personnellement tous les chefs et un grand nombre d'officiers, il a conduit et administré l'armée comme un bon colonel mène la famille de guerriers dont il attend sa réputation. Nous dirons en leur place quelques-unes des améliorations qu'il a introduites dans le service. Il n'a pas vaincu à la tête des Anglais, parce qu'il était général à une époque où l'Angleterre n'avait que des rois pour alliés; mais dès que la cause britannique s'est appuyée sur les passions et les intérêts des peuples, il a préparé aux soldats les moyens de vaincre. L'opinion du bien qu'il a fait a triomphé du souvenir de ses malheurs à la guerre, des préventions naturelles des Anglais contre les princes du sang royal, et même du scandale de ses déportemens domestiques. Lorsque, par suite de l'enquête parlementaire de 1809, le duc d'York resta éloigné pendant deux années du commandement en chef, chaque officier disait : *Je m'en réjouis comme citoyen; j'en suis affligé comme soldat.*

Nous ne connaissons pas de troupes mieux disciplinées que les troupes britanniques. Entre plusieurs causes de leur prééminence sous ce rapport, nous dirons la première, celle qui nous paraît la plus influente et qui, appliquée à l'armée française, y produirait un effet diamétralement opposé. Tant il est vrai que les variétés de caractère et de condition conduisent à employer des moyens différens pour parvenir au même but !

Les soldats et les officiers forment en Angleterre deux classes séparées par une barrière presqu'infranchissable. C'est la conséquence des institutions du pays. Une armée, levée au moyen de la conscription, choisit ses officiers dans son sein, parce qu'elle est sûre d'y trouver des citoyens, et parce que la patrie doit à ses enfans l'accomplissement entier de leur destinée, en quelque situation qu'elle les place. Une armée recrutée à prix d'argent a droit seulement à ce qui lui fut promis lors de l'engagement que ses membres ont contracté, et la hallebarde de sergent est le *nec plus ultrà* de l'ambition de l'enrôlé volontaire. Une pareille armée ne devient nationale que par l'entremise d'officiers pris hors de ses rangs, et dans la sphère des intérêts sociaux. A leurs yeux les soldats sont des instrumens passifs, des rouages qu'il faut abondamment graisser et soigneusement entretenir, pour que la machine produise son effet en toute occasion.

La distinction des classes établit donc quelque ressemblance entre l'armée anglaise et l'armée russe; car la principale force de celle-ci vient de ce que des masses d'hommes ignorans se laissent mener à l'aveugle par des hommes plus éclairés qu'eux.

Le soldat anglais est stupide et intempérant. Une discipline de fer tire parti de quelques-uns de ses défauts, et amortit les autres. Son corps est robuste à cause des exercices de force auxquels sa jeunesse a été accoutumée. Son ame est vigoureuse, parce que son père lui a dit et ses chefs lui répètent sans cesse que les enfans de la vieille Angleterre, abreuvés de porter et rassasiés de bœuf rôti, valent chacun pour le moins trois individus de ces races pygmées qui végètent sur le continent d'Europe. Quoique d'une complexion sanguine, il n'a pas un élan extraordinaire, mais il tient ferme; et lancé à propos, il marche en avant. Dans l'action, il ne regarde pas à droite ni à gauche. Le courage de ses coopérateurs augmente peu son courage, leur abattement pourrait diminuer, mais non éteindre son ardeur. Quand des hommes de ce caractère reculent, ce sera à force de coups de bâton et non avec des mots heureux que vous parviendrez à les ramener au combat. A nos Français il faut toujours parler; avec les Anglais, jamais. Ceux-ci ne font pas de plan de campagne, ils ne combinent rien, et ils sont encore plus loin de rien imaginer. Leurs passions n'ont de vivacité que dans un cercle circonscrit. Ils ne connaissent qu'une seule manière d'exprimer ce qu'ils sentent, et les huzzahs, dont fut salué parfois dans son camp ou sur le champ de bataille un général heureux, ne diffèrent en rien du brutal encouragement offert par la populace de Londres au boxeur qui charme ses loisirs.

On ne dira pas des Anglais qu'ils étaient braves à telle rencontre. Ils le sont toutes les fois qu'ils ont dormi, bu et mangé. Leur courage, plus physique que moral, a besoin d'être soutenu par un traitement substantiel. La gloire ne leur ferait pas oublier qu'ils ont faim ou que leurs souliers sont usés. Chaque soldat reçoit tous les ans un habillement complet. La moindre solde dans l'armée est d'un schelling, près de vingt-cinq sous par jour, sur lesquels, après certaines déductions opérées pour fourniture de vivres, d'habits, d'objets de même entretien, il reste deux pences et demi, au moins cinq sous, à l'entière disposition du soldat. Cette paie, modique en Angleterre en raison du prix excessif des denrées, se trouve être sur le continent plus que double de la paie des Allemands et des Français. On ne connaît ni arriérés de solde, ni retenues illégales. Le soldat anglais mange beaucoup, et surtout de la viande; il boit encore plus qu'il ne mange. Dans son île la bière est sa boisson habituelle. Au dehors, on lui distribue du vin, quand le pays en fournit. Il ne saurait en campagne se passer de liqueurs fermentées, et le rhum vient à propos ranimer ses esprits dans le moment du danger.

On est frappé des contrastes qu'offrent les armées dans leur économie animale et leur train de vie journalier. Voyez les bataillons français arriver au bivouac après une marche longue et pénible. Dès que les tambours ont cessé de battre, les havresacs, déposés en rond derrière les faisceaux d'armes, dessinent le terrain où la chambrée doit passer la nuit. On met bas les habits; vêtus seulement de leurs capotes, les soldats courent aux vivres, au bois, à l'eau, à la paille. Le feu s'allume; bientôt la marmite est dressée; les arbres apportés de la forêt sont grossièrement façonnés en pieux et en poutres.

Pendant que les baraques s'élèvent, l'air retentit en mille endroits à la fois des coups de la hâche et des cris des travailleurs. On dirait la ville d'Idoménée bâtie par enchantement sous l'influence inaperçue de Minerve. En attendant que la viande soit cuite, nos jeunes gens, impatiens de l'oisiveté, recousent les sous-pieds à la guêtre, visitent les gibernes, nettoient et éclaircissent les fusils. La soupe est prête; on la mange. Si le vin manque, la conversation est calme sans être triste, et on ne tarde pas à chercher dans le sommeil les forces nécessaires pour entreprendre la fatigue du lendemain. Si au contraire la liqueur inspiratrice des propos joyeux, transportée dans des tonneaux ou dans des outres, sur les épaules des coureurs qu'on avait envoyé chercher de l'eau, est arrivée au camp, la veillée se prolonge. Les anciens racontent aux conscrits rangés autour du feu les batailles où le régiment a donné avec tant de gloire. Ils frémissent encore d'allégresse en exprimant le transport dont on fut saisi, quand l'Empereur,

Si au contraire la vigueur
inspiratrice des glaces joyeuse ~~anwéritance~~ transportée dans des tonneaux ou
dans des outres, ~~sur les epaules~~ ~~près~~ des chevaux qu'on avait ~~tout~~ ~~envoyé~~ chercher de l'eau,
est arrivée au camp; la veillée se prolonge.
Les anciens racontent aux jeunes conscrits rangés
autour du feu les batailles où le régiment
a donné avec tant de gloire; ils poussent même d'allègres
~~hourras dervroses~~ en rappelant le
trompette sonne au feu soir; quand l'Em-
pereur qu'on croyait bien loin apparaît tout à coup, devant le front
monte sur son cheval blanc
et suivi de son mammeluck. ~~Bravo~~
~~franchement.~~ "oh! quelle déconfiture on eu fait des Prusse et
~~~~ de ce régiment qui
" était à notre droite ne fut battu com-
" sur le notre, si la cavalerie se fut trouvé
" là où au moment où l'ennemi a commencé
" à flêchir, si le général ~~qui~~ à la reserve
" eut égalé en valeur et en courage celui
" qui commandait l'avant-garde! pas
" un de ces ~~queux~~ là, pas un seul n'au-
" rait échappé;". . . . . Quelquefois, la diane réveille
~~~~ à l'aurore commence à

qu'on croyait bien loin, apparut tout-à-coup devant le front des grenadiers, monté sur son cheval blanc et suivi de son Mamelouck. « Oh!
» quelle déconfiture on eût fait des Russes et
» des Prussiens, si le régiment qui était à notre
» droite se fût battu comme le nôtre; si la ca-
» valerie se fût trouvée là au moment où l'en-
» nemi a commencé à fléchir; si le général de
» la réserve eût égalé en talent et en courage
» celui qui commandait l'avant-garde! Pas un
» de ces gueux-là, pas un seul n'aurait
» échappé.... » Quelquefois la diane retentit, et l'aurore commence à poindre avant que les conteurs aient fini. Cependant on a souvent humecté le récit, et il est aisé de s'en apercevoir à la contenance de l'auditoire. Mais l'ivresse des Français est gaie, scintillante et téméraire; c'est pour eux un avant-goût de la bataille et de la victoire.

Tournez vos regards vers l'autre camp, voyez ces Anglais fatigués, ennuyés et presque immobiles; attendent-ils, comme les spahis des armées turques, que des esclaves dressent leurs tentes et préparent leurs alimens? Cependant on leur a fait faire à pas comptés une marche très-courte, et ils sont arrivés avant deux heures après-midi sur le terrain où ils doivent passer la nuit. On leur apporte le pain et la viande. Le sergent distribue le service et les corvées; il dit où est l'eau, où est la paille et quels arbres il faut abattre. Quand les matériaux sont arrivés, il montre la place où chaque pièce de bois doit être posée; il réprimande les maladroits et corrige les paresseux. Le fouet est peu propre à éveiller l'intelligence, et on s'en aperçoit à la lenteur avec laquelle se dressent des baraques informes. Où est donc l'esprit industrieux, entreprenant de cette nation qui a devancé les autres dans le perfectionnement des arts mécaniques? Les soldats ne savent faire que ce qu'on leur a commandé; au-delà de la routine tout leur est embarras et désappointement. Une fois sortis de la discipline (et peut-on faire la guerre sans en sortir souvent?), ils se livrent à des excès qui étonneraient les Cosaques; ils s'enivrent dès qu'ils le peuvent, et leur ivresse est froide, apathique, anéantissante. La subordination de tous les instans est la condition *sine quâ non* de l'existence des armées anglaises. Elles ne sont pas composées d'hommes faits pour jouir avec modération de l'abondance, et on les verrait se débander dans la disette.

Les Anglais des classes inférieures sont peu sensibles à la honte; l'honneur, mobile trop délicat pour des organes épais, est remplacé chez eux par l'esprit public. L'attachement exclusif à leurs manières leur inspire du mépris pour les mœurs d'autrui et sert de préservatif contre la désertion. Ils sont enclins à la mutinerie; mais des punitions cruelles les contiennent dans le devoir. Pour la moindre faute, on fait mettre debout et à plat contre une échelle le soldat nu jusqu'à la ceinture, et dans cette position les tambours du régiment lui déchirent les épaules avec un fouet garni de neuf lanières. Depuis quelques années, on a limité à cinq cents le nombre de coups qui peuvent lui être appliqués dans une vacation, sauf à recommencer le lendemain et les jours suivans, jusqu'à l'entier accomplissement de la peine. Le fouet et la mort étaient autrefois les seuls châtimens usités dans l'armée. On a introduit ensuite l'emprisonnement solitaire ; mais on regarde généralement cette punition comme trop douce, pour des troupes composées de paysans grossiers et d'ouvriers dépravés.

Les sous-officiers anglais sont excellens ; leur courage et leur talent s'arrêtent là, et il ne leur est pas permis de monter plus haut. Nommés par le commandant du corps, ils ne peuvent être cassés que par une sentence de Cour martiale. Leur autorité s'agrandit de menus détails d'inspection, de discipline, et d'instructions journalières, que dans d'autres armées on se garde bien de leur abandonner.

Loin de regarder les jeunes officiers qui arrivent au régiment comme des usurpateurs d'emplois, ils sont pour eux des conseillers utiles, et des mentors respectueux. En Angleterre, on vit sur le passé; le mot égalité retentit rarement aux oreilles du citoyen, jamais à celles du soldat. De temps à autre, et surtout pendant la guerre, un sergent devient enseigne; c'est à peu près son bâton de maréchal, et il n'est pas tenté d'en murmurer: tant les classifications sociales sont profondément gravées dans sa tête! Bien plus, il arrive souvent que les camarades du parvenu lui reprochent de la gaucherie et des habitudes incohérentes avec sa position nouvelle. On est *gentleman* par naissance ou par éducation; on ne saurait le devenir par brevet.

Les officiers anglais ont, pendant long-temps, obtenu peu de considération en Europe et dans leur propre pays. L'éducation publique y a une direction opposée à la profession des armes. La science de détruire n'est pas au nombre de celles qu'on enseigne dans les écoles de Westminster et de Harrow, ou dans les universités d'Oxford et de Cambridge. L'empire britannique doit à l'adjudant-général Jarri, fondateur du pensionnat de High-Wycombe, dans le comté de Buckingham, le premier établissement où l'on ait appliqué les mathématiques aux différentes branches de l'état militaire. Plus tard, une école spéciale (*royal military College*) a été instituée sous les auspices du duc d'York et sur un plan plus vaste. Elle est divisée, d'après l'âge des élèves, en deux départemens fixés à Eton et à Sandhurst, près de Windsor. L'enseignement est calqué sur ce qui se pratique en France. On y admet gratuitement les orphelins des officiers morts au service; et pour les enfans des officiers vivans, on abaisse le prix de la pension au prorata de la solde de leurs pères.

On a formé par ce moyen une pépinière d'officiers. L'atmosphère du pays est trop imprégnée d'idées libérales pour qu'on puisse craindre que des séides du pouvoir sortent des écoles du gouvernement. D'ailleurs, il n'est pas nécessaire, pour entrer au service, d'avoir été élevé au Collége royal militaire. Le commandant en chef choisit les sous-lieutenans, appelés enseignes dans l'infanterie, et cornettes dans la cavalerie, parmi les jeunes gens appartenant aux familles intéressées au maintien de l'ordre. Depuis le commencement du siècle présent, le métier des armes a pris faveur dans les hautes classes de la société. Cependant le défaut de naissance n'est un motif d'exclusion pour qui que ce soit. L'aristocratie anglaise se complique d'orgueil nobiliaire, d'intérêt pécuniaire et mercantile, de talent, d'exercice de l'autorité, de propriété industrielle et territoriale; elle est compacte et redoutable aux prolétaires, parce que tant d'élémens de nature différente ne se combattent pas entre eux.

En Angleterre, à la différence des autres

pays, les hommes des classes élevées sont généralement plus forts et de plus haute taille que le bas peuple; cela vient de leur vie campagnarde et turbulente. Les réglemens sur l'admission au service exigent des candidats aux sous-lieutenances l'âge de seize ans et une bonne constitution physique. Les officiers passaient autrefois pour être ignorans et débauchés; cependant la plupart d'entre eux ont reçu une éducation libérale. Quelques-uns conservent dans les camps des habitudes laborieuses. Ils écrivent, et quelquefois font imprimer des journaux de voyage et de guerre, où la sincérité de l'observateur brille plus que son talent d'observation. On a vu des jeunes gens, déjà parvenus au grade de capitaine, profiter de quelques intervalles d'inactivité pour reprendre aux écoles leurs études trop tôt interrompues. On en rencontre un bien plus grand nombre qui, dans le mouvement d'une vie dissipée, oublient le peu qu'ils ont appris.

Au reste, nos voisins d'outre-mer sont sérieux jusque dans leur intempérance. Les orgies du quartier-général et des tavernes de régiment ne sont pas bruyantes, et elles deviendront plus rares, à mesure que la bonne compagnie perd l'habitude de s'enivrer. Vous ne trouverez pas chez les officiers anglais ce culte délicat et exclusif de l'honneur qui repousse la moindre faiblesse devant l'ennemi avec plus d'horreur qu'un attentat à l'ordre social. Vous y trouverez encore moins la touchante alliance des chefs avec les soldats, la paternité des capitaines, la simplicité de mœurs des lieutenans et sous-lieutenans, la communauté affectueuse de souffrances, qui ont fait la force de nos armées de la révolution. Mais le patriotisme inébranlable et la bravoure éprouvée et continue se présenteront de partout. Dans un pays où l'argent est le mobile universel, les officiers en reçoivent peu. Malgré la dépréciation successive de la monnaie, leur solde n'a presque pas varié depuis le temps de Guillaume III. Les soins économiques des compagnies sont du fait des sous-officiers. L'administration des régimens est exploitée par un très-petit nombre d'individus et dans certaines limites que trace une sorte de légalité. Le pillage et les concussions à l'étranger inspirent une généreuse aversion à des hommes qui portent jusque dans la guerre le respect des institutions et des propriétés.

Si pourtant avec une telle réunion de sentimens honorables et de hautes vertus, une nation était condamnée à rester étrangère au milieu des nations; si avec leur or les Anglais n'achetaient que de l'aversion; si des peuples qui ne savent pas haïr les assaillaient éternellement de caricatures et de sarcasmes; si après un séjour de six années sur une terre qu'ils ont arrachée à une traîtreuse usurpation, pas une femme, pas un enfant, n'avaient retenu le nom d'un seul de leurs libérateurs; si au jour de la paix leurs compagnons du champ de bataille étaient leurs ennemis plus que de ceux qu'ils eurent à combattre; si enfin l'Europe, l'Amérique et l'Inde n'attendaient qu'une direction et un chef pour leur déclarer guerre à mort, force serait d'avouer qu'il y a dans ce caractère insulaire quelque chose de contraire à toute sympathie sociale.

La subordination des officiers entre eux est un des attributs de l'armée de la démocratie, parce qu'on n'y connaît d'autre supériorité que celle du grade. Ainsi, l'égalité politique dans l'État est un moyen de discipline dans l'armée. Au contraire, quand les citoyens naissent classés, les relations sociales qui dérivent de ce classement primitif, contrarient toujours en quelque point la hiérarchie militaire. On s'en aperçoit dans les troupes anglaises. Entre lords, fils de lords, fils de commerçans, de banquiers, de propriétaires, la différence des grades peut à peine être marquée. Une politesse peu expansive ne suffit pas pour l'indiquer. L'autorité des chefs de corps ne pèse pas, et la nuance n'est pas plus perceptible entre le capitaine et le lieutenant, qu'entre le lieutenant et l'enseigne. Les duels entre grades inégaux, quoique punis sévèrement, ne sont pas rares. Les officiers supérieurs et subalternes, *field and subaltern officers*, mangent à une table commune. Là, on raisonne, on discute. Les plans de campagne et les manœuvres du général sont traités comme une question parlementaire. Accoutumés à peser tous les genres de mérite, les Anglais accordent souvent au chef ce que celui-ci ne leur demande pas; ils refuseraient ce qui serait exigé. Leur esprit d'indépendance s'irrite également des prétentions qui blessent leurs droits, et des préjugés qui offensent leur raison. Telle réputation militaire que l'esprit de parti a voulu rendre colossale, ne fut jamais appréciée avec plus de justesse que par ceux-là même dont le sang a coulé pour la fonder.

Cette tendance à l'indiscipline trouve son correctif dans cette rectitude morale qu'a produite la longue application d'un système de gouvernement constitutionnel; car l'amour de l'ordre mène à la subordination. Craignant, avant tout, d'être ou de paraître serviles, les Anglais disputent à l'homme; ils se courbent avec humilité devant l'organe de la loi. De-là résulte un autre inconvénient : il y en a dans les meilleures choses. Les mêmes officiers raisonneurs au camp et autour de la table, deviennent des agens mécaniques quand il faut agir sur le champ de bataille ou ailleurs. La responsabilité leur apparaît comme l'épée de Damoclès suspendue par un fil au-dessus de leurs têtes. Plus d'une opération a été imparfaite et sans résultat, parce que celui qui en était chargé a consulté la lettre plus que l'esprit des ordres qu'il avait reçus.

Les officiers de milice doivent posséder des biens-fonds. On exigeait la même condition, il y a cent ans, des officiers de la ligne. Maintenant on se contente de leur vendre les emplois. Tous, depuis l'enseigne jusqu'à la lieutenance-colonelle inclusivement, sont tariffés. La commission d'enseigne coûte quatre cents livres sterling, et celle de lieutenant-colonel d'infanterie trois mille cinq cents, y compris le premier achat et le supplément à payer d'une promotion à l'autre. Les prix sont presque doubles dans la cavalerie, et plus élevés encore dans les gardes. Les officiers sont dits commissionnés (*commissionned officers*), parce qu'ils ont obtenu une commission pour de l'argent ou autrement. Comme les sous-officiers servent sans commission, on les appelle officiers non commissionnés (*no commissionned officers*). Cependant la commission achetée et payée ne devient pas pour cela la propriété de l'acquéreur. Il est loisible au Roi de l'en dépouiller sans dédommagement. C'est par tolérance, mais par une tolérance à laquelle un long usage a donné presque force de règlement, qu'on permet aux officiers de la vendre. Cette faveur est accordée ordinairement après vingt ans de service. Le gouvernement dispose des commissions vacantes par mort; quelquefois on les vend au profit de la veuve et des enfans du défont; quelquefois aussi on les donne gratuitement pour récompenser les actions d'éclat ou une conduite exemplaire. C'est la voie par laquelle des sous-officiers montent au rang d'officier.

On estimait pendant la guerre dernière que la vente des commissions faisait entrer annuellement dans le trésor public quatre cent cinquante mille livres sterling, à peu près dix millions de francs. La vénalité flatte l'orgueil des aristocrates anglais; ils se croient plus indépendans de l'autorité royale, ayant payé les emplois qu'ils exercent, et ils voient avec délices la carrière de l'avancement exclusivement ouverte à l'argent et au patronage. Le duc d'York a essayé de rendre moins mauvais un régime qu'il n'était pas en son pouvoir d'abolir. Il a fait des réglemens pour empêcher que les commissions ne fussent agiotées et ne subissent des hausses et des baisses comme les effets publics. Les commissions prêtes à vaquer et vacantes sont déposées entre les mains du commandant en chef, qui en dispose dans l'intérêt de l'armée. Il peut, par ce moyen, faire une petite part aux services et au mérite. Les vacances sont proposées aux anciens du régiment dans l'emploi inférieur, avant que les plus jeunes puissent y prétendre. On exige trois ans de grade d'officier pour devenir capitaine, sept pour devenir major, neuf pour devenir lieutenant-colonel. Défenses sont faites à qui que ce soit, sous des peines portées par un acte du Parlement, de s'ingérer dans le trafic des commissions. Les contractans doivent déclarer sur leur parole d'honneur qu'ils n'ont pas donné ou reçu un prix supérieur à celui du tarif. Mais en Angleterre, comme ailleurs, l'intrigue est ingénieuse à éluder les précautions dont on s'arme contre elle. Quoi qu'on fasse, les commissions se vendent par arrangemens particuliers, et beaucoup au-dessus des prix légaux. Le mal est trop profondément enraciné dans l'avarice et la corruption britanniques, pour être extirpé autrement que par une grande mesure que prendrait la puissance législative.

Tous les Anglais, depuis le duc d'York jusqu'au dernier tambour, sont encadrés dans des régimens; tous sont payés suivant la place qu'ils occupent dans les cadres. Ceux qui n'en ont pas reçoivent la demi-solde et ne sont tenus à aucun service [1].

Les emplois forment la base de l'armée britannique. Les grades viennent ensuite comme un hors-d'œuvre, et, passé la commission de lieutenant, ils ne marchent pas toujours d'accord avec les emplois. Il y a des capitaines titulaires qui sont majors, des majors titulaires qui sont lieutenans-colonels, des lieutenans-colonels titulaires qui sont colonels. On a mul-

---

[1] Pendant la guerre d'Espagne, le grade d'officier-général a été multiplié au-delà des proportions ordinaires. Comme on n'a pas augmenté le nombre des cadres de l'armée, il a été impossible de donner des régimens à tous les officiers-généraux employés. Une ordonnance du 8 août 1814 leur a assigné une solde spéciale, suivant leur grade.

tiplié les grades en dehors, afin que les Anglais fussent toujours au-dessus, au au moins au niveau des officiers d'autres puissances, à côté desquels ils peuvent être appelés à faire campagne. C'est ce qu'on appelle rang de brevet, par opposition au rang de commission. Dans l'intérieur du régiment, l'officier prend rang suivant sa commission; dans le service général de l'armée, et partout où les détachemens de différens corps marchent ensemble, il commande en vertu de son brevet.

Les régimens ont pour chef effectif leur plus ancien lieutenant-colonel titulaire. Par une bizarrerie inexplicable, le grade de colonel, si capital partout ailleurs, ne correspond à aucun emploi dans l'infanterie et dans la cavalerie anglaise. Les officiers-généraux de l'armée sont colonels des corps. Nous expliquerons plus tard comment cette vaine dénomination, sans leur imposer aucun devoir, leur permet d'exploiter les régimens à titre de domaine utile.

Jusqu'en 1810, les colonels par brevet employés à commander des brigades au dehors et même au dedans des trois royaumes, s'appelaient brigadiers-généraux. Ce placement n'était pas considéré comme un grade. Maintenant le colonel arrivé au commandement d'une brigade ne change ni d'appellation, ni d'uniforme. Dans l'ordre régulier, les brigades sont commandées par les généraux-majors, les divisions par les lieutenans-généraux, les armées par les généraux et les feld-maréchaux.

On pense généralement en Europe que, si l'expérience suffit aux fonctions subalternes, il faut une inspiration particulière pour remplir avec succès des devoirs d'un ordre plus relevé. D'après ce principe, l'avancement pour les grades inférieurs suit la règle de l'ancienneté, et dans les grades supérieurs il est dévolu au choix. C'est tout l'opposé en Angleterre. Nous avons vu comment on arrive à la lieutenance-colonelle. A partir du grade de colonel jusqu'à celui de feld-maréchal exclusivement, on avance à son tour. Si des exploits éclatans ou une convenance spéciale entraînent un officier dans une sphère supérieure, il y a obligation de faire monter tous les officiers du même grade placés avant lui sur le tableau. Jamais un militaire ne sert sous les ordres de son cadet ; l'ancien y consentirait, que le gouvernement ne le permettrait pas. Cet état de choses peut contrarier le développement de quelque talent remarquable ; mais il est profitable à la discipline, et il convient à la marche méthodiquement progressive de la puissance anglaise. L'invariabilité de l'ordre du tableau pour la tête de l'armée est une digue aux envahissemens de l'autorité royale, en même temps qu'elle protége la tranquillité personnelle du prince contre la brigue et l'obsession des puissans et des riches.

Le roi d'Angleterre s'est imposé la loi de l'ancienneté, et il n'y déroge guère que pour des princes nationaux ou étrangers [1]. Il n'a pas

---

[1] On compte cependant deux ou trois autres excep-

mis de limites au droit de conférer suivant son bon plaisir la plus haute dignité militaire. Le bâton de maréchal est une grâce émanée tout entière de la couronne, et d'autant plus précieuse que la couronne en a été jusqu'à ce jour sagement avare : des six feld-maréchaux existant dans l'armée en 1818, cinq sont membres de la famille royale. Le duc de Wellington est le sixième.

Le gouvernement, en confiant des commandemens spéciaux et des missions importantes aux officiers supérieurs ou généraux, leur attribue quelquefois un grade au-dessus de celui dont ils ont le brevet ; cela s'appelle rang local ou temporaire (*local or temporary*

---

tions à la règle générale. Sir Thomas Graham, aujourd'hui lord Lynedock, a passé avec son grade, de la milice, où il était colonel, dans l'armée de ligne, où il est devenu lieutenant-général. Cette faveur lui a été accordée à cause de son mérite particulier, et parce qu'il avait fait, comme commissaire du gouvernement anglais près l'armée autrichienne, les mémorables campagnes de 1796 et 1797 en Italie.

rank), parce que la jouissance des prérogatives du grade est circonscrite dans un espace et dans une durée désignées. Le monarque a voulu donner un relief momentané à l'officier investi de sa confiance; le classement de cet officier reste le même dans l'armée, et pendant son élévation de circonstance, on a soin de ne pas mettre sous ses ordres de plus anciens que lui dans le grade permanent.

La publicité préside aux opérations relatives à la direction générale du personnel de l'armée. Cette publicité qu'on retrouve partout en Angleterre, dans les actes du pouvoir, est la plus sûre garantie de l'observation des lois. Les mutations de tout genre, dans les corps des officiers de tout grade, sont annoncées par la voie des journaux, et l'insertion dans la Gazette officielle sert de titre aux nouveaux promus. On imprime en outre, au commencement de chaque mois, la liste de l'armée, afin que chacun apprécie ses droits, en connaissant sa position et celle de ses camarades.

Le mode d'avancement des officiers-généraux tend à les rendre très-nombreux. A la paix de 1814, plus de six cent cinquante feld-maréchaux, généraux, lieutenans-généraux et généraux-majors, étaient inscrits sur les contrôles; en temps ordinaire, il n'y a pas de place pour cent. On en envoie aux possessions éloignées, aux colonies et dans l'Inde; ou bien ils commandent les arrondissemens militaires des trois royaumes. L'autorité de ceux-ci, sans action sur les citoyens, est étendue et minutieuse à l'égard des régimens, car dans le service anglais, l'inspection n'est pas séparée du commandement; on n'y connaît pas les rassemblemens de troupes dans les grandes garnisons, et encore moins dans les camps d'exercice. Le petit nombre d'officiers-généraux en activité, et par conséquent le peu de chance que chacun a d'être employé, rejette la classe presque entière dans les habitudes de la vie sociale; la plupart cultivent leurs champs; quelques-uns courent la carrière parlementaire ou celle de la haute administration; d'autres voyagent et s'amusent. Lorsque la guerre les rappelle au camp, ils y portent un train de vie qui ne s'accorde pas avec les idées qu'on se fait ailleurs de la profession des armes dans les grades élevés.

Nous avons été à même de le remarquer pendant les campagnes de la Péninsule. Tandis qu'un général de division français se consumait à étudier la topographie du pays et l'esprit des habitans, à nourrir, façonner et haranguer les soldats, à persuader au peuple espagnol des systèmes d'administration et de conduite politique; le lieutenant-général anglais qui lui était opposé, partageait sa vie entre la chasse, l'exercice du cheval et les plaisirs de la table. L'un, tour à tour gouverneur, ingénieur, commissaire, avait l'esprit continuellement tendu et ne se reposait jamais, même en ligne; la nature de ses conceptions journalières le conduisait à agrandir sa sphère d'activité, à imaginer et à produire. L'autre, aussi peu sou-

..cieux des circonstances locales de la contrée où il faisait la guerre, que de la langue, des mœurs et des préjugés du peuple qui l'habitait, s'en rapportait au commissariat pour fournir les vivres, au département du quartier-maître-général pour reconnaître le terrain et préparer les marches, au département de l'adjudant-général pour triturer la besogne. Hormis les cas où on l'employait au commandement d'un corps détaché, il se désintéressait autant que possible des combinaisons militaires, et cherchait à restreindre le cercle de la responsabilité qui pesait sur lui. Dans le repos des cantonnemens, les soins habituels de l'officier-général anglais se bornaient à faire la police, surveiller le service, et transmettre des ordres et des rapports; au jour du combat, il conduisait les troupes au feu, sans effort, et avec une bravoure admirable. Ici encore il y a des nuances distinctes dans le régime de l'une et l'autre armée; l'Anglais n'est tenu qu'à remplir son devoir; il doit être en toute occurrence également intrépide et dévoué. Le Français, qui commande à des hommes spirituels et raisonneurs, pourra se dispenser de faire ses preuves dans les rencontres ordinaires; mais quand un danger pressant appellera au secours de tous le coup-d'œil et le génie du chef, il faudra qu'il soit plus qu'un homme pour ne pas être mis au-dessous du néant. Notre soldat s'estime haut, et n'entend obéir qu'à celui qui vaut mieux que lui.

La guerre est considérée par les Anglais sous un point de vue rétréci : le gros de la nation en a l'instinct, comme exaltation du moral et mépris de la mort; ceux dont l'esprit est cultivé n'y aperçoivent qu'un emploi régulier de force physique et de moyens matériels. Vous leur diriez en vain que le génie de la destruction a aussi des révélations sublimes, et qu'il éveille une puissance de pensée supérieure à celle qui préside aux créations de la poésie et de la philosophie; vous leur persuaderiez encore moins que la plus haute partie de l'art, la stratégie, est philantropique dans ses développemens. L'erreur où ils sont vient de deux causes. L'Angleterre ayant eu rarement beaucoup de troupes rassemblées, ses guerriers en sont encore à l'alphabet de la tactique, et ils n'ont pas eu le temps d'ennoblir et d'agrandir la science qu'ils cultivent. On dirait aussi que la fortune s'est plue à justifier le préjugé dont nous parlons, en élevant aux nues des généraux d'une portée ordinaire.

La gloire de l'armée britannique lui vient avant tout de son excellente discipline et de la bravoure calme et franche de la nation. On peut impunément distribuer les commandemens suivant des combinaisons ou par des intrigues parlementaires; c'est l'armée qui se passe le plus facilement des talens qui sortent de ligne. Les officiers revenus des guerres de Portugal et d'Espagne, tout en rendant une justice éclatante et unanime à la sagesse et à l'intrépidité de leur chef, ne lui accordent rien qui le distingue éminemment des autres généraux marquans de leur nation. Ils vantent sa roideur de caractère, qui dès long-temps l'a affranchi des entraves de la responsabilité, mais ne trouvent rien à dire des ressources de son esprit ni des enfantemens de son génie. Nous avons entendu des hommes dont l'opinion n'est pas sans valeur, soutenir que vingt capitaines, et pour n'en citer que parmi ceux qui ont fait cette guerre, les Picton, les Crawfurd, les George Murray, l'auraient conduite avec autant et peut-être plus d'habileté et de succès que Wellington, s'ils eussent eu les mêmes soldats à faire tuer, les mêmes passions populaires à exploiter, d'aussi vastes ressources à dépenser, et surtout un appui aussi certain dans les dispositions bienveillantes du ministère à leur égard.

Les décorations, les titres de noblesse, les honneurs n'étaient pas considérés autrefois comme devant servir à récompenser les services militaires; on n'accordait la pairie et les ordres de chevalerie qu'aux officiers qui avaient commandé en chef des expéditions heureuses. L'armée anglaise, en courant les mêmes chances que les armées du continent, a dû leur emprunter les institutions qui servent à exciter et alimenter leur courage. L'ordre du Bain ne comptait pas, en 1800, quarante chevaliers. Divisé depuis ce temps-là en différentes classes, à l'imitation de la Légion-d'Honneur de Napoléon, et destiné comme elle à tous les genres de mérite, il avait, en 1814, près de six cents chevaliers militaires, quoiqu'on n'en admît pas au-dessous du grade de major. Les militaires de tous grades ont reçu des médailles commémoratives des actions de guerre auxquelles ils avaient pris part. Un sergent de chaque compagnie, le plus brave et le plus méritant, porte sur les manches de son habit un trophée en broderie, touche une haute-paie, et a son poste près du drapeau du régiment. La grâce du monarque accorde des devises et des emblèmes particuliers aux corps qui, dans des circonstances décisives, ont fait plus que le devoir ; ces marques d'honneur décorent les drapeaux, et sont modelées en relief sur la plaque de la coiffure des soldats. En Angleterre, au moins, le dévouement généreux ne reste pas ignoré ; cent journaux, lus chaque jour avec avidité, malgré leur longueur, disent le nom du moindre officier blessé et les circonstances de sa blessure. La patrie ne cesse pas un moment de veiller sur le sort de ses enfans avec une tendresse affectueuse ; des gratifications pécuniaires et des éloges prononcés au sein des assemblées nationales, expriment la reconnaissance publique envers les vivans. Les murs de Saint-Paul, de l'église de Westminster et d'autres édifices religieux, n'ont d'ornement que les tombeaux des grands hommes et des guerriers morts au champ d'honneur. Jamais l'étranger armé ne violera leur cendre. Quand aura éclaté la révolution qui doit tôt ou tard dévorer une génération d'Anglais, elle ne produira jamais, quelque furieux que soit son débordement, des misérables assez déhontés pour mutiler à plaisir les monumens de la gloire nationale.

On se marie beaucoup dans l'armée britannique ; le gouvernement encourage les mariages de soldats : c'est une consolation pour des hommes dont la plupart sont condamnés à ne jamais revoir le clocher de l'église où ils furent baptisés. Il faut bien que l'État leur rende une famille en place de celle qu'ils ont perdue. Dans les embarquemens de troupes on permet à six femmes par compagnie de suivre le bataillon, s'il va à une expédition continentale ; à douze, s'il est destiné pour les colonies ; à toutes les femmes légitimes, si c'est un bataillon de vétérans. De-là sort une population militaire qu'on emploie au recrutement de l'armée; elle n'est pas assez nombreuse, et la condition de soldat n'est pas assez en honneur pour faire craindre aux amis de la liberté l'influence d'une race qui se transmettrait le glaive par droit d'héritage.

Le duc d'York a obtenu du gouvernement la fondation d'une école où l'on forme, pour le service militaire et pour les besoins de la société, huit cents enfans mâles et quatre cents filles de soldats. L'asile militaire (*royal military asylum*, c'est le nom qu'on donne à cette école) est placé dans le beau village de Chelsea, tout près de Londres, à côté de l'hôtel des Invalides. Heureuse idée d'avoir rapproché la magie de l'espérance du charme des souvenirs! Il n'existe pas en Europe d'établissement de ce genre mieux tenu ou mieux administré. L'éducation élémentaire y est dirigée suivant les procédés du docteur Bells. Le duc d'York a aussi, après sa rentrée dans la charge de commandant en chef, en 1811, fait mettre en pratique l'enseignement mutuel dans les écoles de régiment. Long-temps avant on comptait dans les rangs de l'armée un grand nombre de soldats sachant lire et écrire : c'était l'effet des institutions civiles. D'une part, l'autorité est prodigue des bienfaits de l'instruction primaire, parce qu'elle regarde l'éducation du pauvre comme faisant la sûreté du riche; de l'autre, elle ferme soigneusement aux classes inférieures l'accès des hautes connaissances par le prix exorbitant qu'elle met à leur enseignement. Mais il n'est au pouvoir de personne de fixer des limites au développement de la pensée. L'introduction des méthodes économiques et rapides ne se bornera pas aux écoles élémentaires, et finira par rendre vulgaires et usuels tous les genres d'instruction: la populace deviendra peuple. Bientôt l'armée britannique obtiendra du progrès des lumières l'adoucissement de sa législation pénale, et jusque dans les comptoirs des marchands de la cité de Londres, le beau titre de défenseur de la patrie retrouvera son entière signification.

En principe, l'armée nationale se recrute de nationaux; cependant, un acte du Parlement, rendu en l'année 1806, autorise le Roi à admettre dans les régimens anglais un nombre d'étrangers, dont la totalité ne peut pas excéder seize mille hommes, avec cette restriction que le plus grand nombre sera employé au dehors. Le Roi a aussi le droit d'accorder des lettres de service à des officiers étrangers, et spécialement à des ingénieurs. Il en a recueilli à ce titre quelques-uns qui avaient appartenu à son armée électorale d'Hanovre, et on a vu tel baron allemand commander un district en Angleterre, sans que les clameurs de l'Opposition aient pu le déplacer.

On ne s'enquiert pas, lorsque les officiers entrent au service, de la religion qu'ils professent; on le demande encore moins aux soldats, et, s'il faut en croire des publicistes bien informés, la politique du cabinet aurait plus d'une fois fait servir le recrutement à diminuer la population catholique d'Irlande. L'État entretient des ecclésiastiques à la suite des corps; il y a dans les articles de guerre (*articles of war*), qui avec le *mutiny bill* composent le code militaire des Anglais, une section entière consacrée aux devoirs envers Dieu; et le réglement veut que, dans l'absence du chapelain, un officier de mœurs graves récite le service divin. Ceux qui n'appartiennent pas à l'Église établie sont dispensés d'y assister. L'intolérance religieuse a chaque jour moins d'activité; cependant les statuts relatifs aux non-conformistes, et l'acte pénal de George Ier contre les catholiques, avaient, il y a deux ans encore, autorité de loi. Deux juges de paix pouvaient exiger du premier officier qu'ils rencontraient le serment de suprématie, et quiconque l'eût refusé, était passible des peines de droit. Un acte du Parlement, donné pendant la session de 1816, rend les militaires habiles à parvenir à tous les grades, sans acception de religion. L'application de cette mesure de justice n'a pas encore eu lieu dans toute son étendue. Depuis la révolution de 1688 jusqu'au moment où nous écrivons, pas un catholique romain n'est devenu officier-général au service d'Angleterre.

Le Roi, en vertu de sa prérogative, peut destituer tout officier, même celui qu'une Cour martiale viendrait d'acquitter; mais il y a loin du droit au fait : l'esprit général de la législation protége encore l'Anglais qui vit hors de la loi commune. La direction des procédures militaires est confiée à un corps de magistrats civils. Leur chef, qui réside à Londres, a le titre de juge avocat-général; ses adjoints (*deputy judge advocate-general*) sont détachés dans les armées : c'est à eux qu'il appartient d'informer sur les délits commis par les gens de guerre, de demander aux chefs la convocation des Cours martiales, et d'y remplir l'office du ministère public, autant dans l'intérêt des accusés que dans l'intérêt de la couronne. Le *mutiny act* établit avec détails le régime des Cours martiales; elles sont composées suivant un tour de service, et leur manière de procéder les rapproche de la forme du jury, autant que le permet la constitution de la force-armée. Le Roi peut mitiger les peines et pardonner. D'ordinaire, il délègue aux généraux en chef cette portion de sa prérogative : du reste, les Cours martiales jugent sans appel, et, quoiqu'on en assemble fréquemment, elles impriment une terreur utile.

Outre les Cours martiales générales dont nous venons de parler, il y a des Cours martiales de régiment qui jugent avec moins de solennité et autant d'indépendance. Celles-ci ne peuvent être moins de cinq membres, tous officiers. Les sous-officiers et les soldats en sont seuls justiciables. Elles décident en matière de solde et d'habillement, et la partie qui se croit lésée par leur jugement peut en appeler sur ce point à une Cour martiale générale. Le commandant du régiment a le droit de grâce.

Les notions de justice distributive sont tellement répandues par la constitution anglaise, que les soldats établissent d'eux-mêmes dans les compagnies des espèces de Cours martiales composées de trois soldats, un caporal et un sergent qui préside. Ces tribunaux de confiance recherchent particulièrement les infractions à la discipline dans ses rapports immédiats avec l'intérêt des camarades; ils châtient les délinquans à coups de courroie, et leur justice hâtive prévient souvent une justice plus sévère.

Il n'y a en Angleterre de domination absolue que celle de l'opinion, et personne ne peut s'y soustraire. Dès que l'honneur national paraît être intéressé à l'examen scrupuleux d'une opération de guerre, le monarque s'empresse de soumettre la conduite des chefs à une commission d'enquête, qui décide s'il y a lieu à les traduire devant une Cour martiale.

Pendant la guerre, un grand-prévôt (*prevost marshal*) parcourt les environs des camps à la tête de détachemens de la troupe à cheval de l'état-major (*staff corps of cavalry*), arrête et condamne à mort, et fait pendre sous ses yeux les maraudeurs, violeurs et forceurs de sauve-gardes pris en flagrant délit. Cette justice sommaire répugne au caractère anglais: on l'applique rarement dans l'armée. Nous pensons qu'on n'oserait pas l'essayer dans l'intérieur, quand même la Grande-Bretagne deviendrait accidentellement le théâtre de la guerre.

Les conseils d'administration sont inconnus dans le militaire anglais. L'économie intérieure des corps y a été assise de tout temps sur des bases prises dans les idées d'un peuple marchand : chacun ses mœurs. Celui qui plaide pour obtenir une indemnité de l'honneur de sa femme, ne rougira pas de grossir son pécule avec les rognures des habits des soldats. Nous avons dit que chaque régiment ou autre corps d'infanterie et de cavalerie a pour colonel un officier-général. Ce colonel, toujours absent, ou supposé l'être, n'entretient avec la troupe que des rapports purement administratifs : il est, à proprement parler, l'entrepreneur à forfait de l'habillement, qui est acheté, confectionné et remis aux parties prenantes, à ses frais et par les soins de ses chargés d'affaires.

Les autres emplois militaires ont les appointemens fixes. Les émolumens du colonel sont variables ; ils dépendent des profits sur la quantité, la qualité et la façon des habits et des culottes, de la force au complet et de l'effectif ; de manière que le général-major-colonel d'un régiment de deux bataillons est payé le double du lieutenant-général-colonel d'un régiment d'un seul bataillon. On estime qu'un corps administré avec pudeur rapporte au colonel une guinée par an et par homme présent, et quatre fois autant par homme absent. Ses gains sont plus considérables si le lieutenant-colonel commandant n'est pas ponctuel à solliciter les remplacemens périodiques d'effets, et à faire allouer à ses subordonnés ce qui leur est dû. Régime odieux où le chef titulaire s'enrichit lorsque les soldats périssent et que le régiment se délabre ! La vigilance du duc d'York lutte contre les abus qui en dérivent ; il renouvelle souvent des ordres tendant à empêcher que l'armée ne soit vêtue trop court, trop étroit ou de mauvaises étoffes. Un bureau d'habillement (*clothing board*), composé d'officiers-généraux, doit inspecter les fournitures avant qu'on les délivre aux troupes, et comparer chaque pièce au modèle approuvé. Il y a aussi des règles pour la réception des effets au corps. En général, les voleries sont moins scandaleuses qu'elles ne le seraient ailleurs sous l'égide d'une législation si commode. La corruption étant générale en Angleterre, il y a par cela même des limites de convenances, et les voleurs qui les dépasseraient risqueraient d'être submergés par le mépris public.

Chaque régiment entretient à Londres, pour faire ses affaires, un agent nommé par le colonel. De grandes maisons de commerce entreprennent les agences, et la même se charge de plusieurs corps. L'étendue et le morcellement des possessions britanniques d'une part, et de l'autre l'organisation financière de l'armée, permettraient difficilement de s'en passer. Les agens servent d'intermédiaires entre le gouvernement, le colonel et la troupe. On s'adresse à eux pour les réclamations d'intérêt personnel, telles que commissions à vendre ou à acheter, indemnités à poursuivre, moyens d'embarquement à obtenir; ils font confectionner et expédier l'habillement. Les fonds alloués par la trésorerie pour la solde et les autres dépenses régimentaires, passent ou sont censés passer par leurs mains; ils en font l'emploi, et en justifient devant le bureau des contrôleurs des comptes de l'armée. Le salaire des agens est formé d'une retenue de deux deniers par livre sterling sur les sommes qu'ils paient.

La comptabilité se fait par bataillon d'infanterie et par régiment de troupes à cheval. Il y a dans chacun de ces deux cadres deux officiers d'administration nommés sur la présentation du colonel, le payeur et le quartier-maître. Le payeur (*pay-master*) est le subordonné de l'agent; il ne fait pas de service militaire. Le grade de capitaine lui est accordé seulement pour la considération; il fournit un cautionnement et des répondans, ce qui ne l'empêche pas de gagner de l'argent par des voies illicites, toutes les fois qu'il le peut. Ses fonctions consistent à préparer les demandes de fonds pour la solde et autres dépenses, à les recevoir, à en faire la répartition entre les compagnies et à rendre des comptes à l'agent. Les quartiers-maîtres étaient autrefois les premiers sous-officiers des corps, et les régimens de cavalerie avaient des quartiers-maîtres de compagnies. Ces derniers ont été supprimés : maintenant le quartier-maître est officier; il a charge de recevoir et distribuer les effets d'habillement envoyés par l'agent, les vivres et les fournitures de toute espèce.

Le *mutiny bill* veut que les troupes soient passées en revue au moins deux fois l'an, et il établit des peines contre les officiers, commissaires, maîtres des montres (*muster-master*), qui feraient ou signeraient de fausses revues. Les états dressés par les capitaines et les officiers supérieurs, et affirmés par serment devant l'autorité civile, servent de base à la plupart des prestations en argent et en nature. Le lieutenant-colonel demande chaque mois à la compagnie et le général-commandant au bataillon, si l'on a des plaintes à porter contre le chef. Les commandans de compagnie et de régiment n'ayant pas de connexion obligée ni de complicité naturelle avec le quartier-maître, le payeur, l'agent et le colonel doivent contrôler les quatre gérans, et mettre l'intérêt de leur gloire comme la satisfaction de leur conscience dans le bien-être du soldat. La comptabilité des corps est peu chargée de formes et d'écritures. Sur une foule de réclamations particulières, on s'en rapporte à la bonne foi des officiers.

Une somme proportionnée au nombre des présens sous les armes est allouée aux capitaines pour l'entretien des fusils. L'excédant de la recette sur la dépense forme un supplément à leur solde. Anciennement les officiers supérieurs avaient des compagnies. Le duc d'York les leur a fait ôter. Il n'y avait qu'un pas de plus pour supprimer les colonels d'habillement, mais en leur place il eût fallu créer des emplois nouveaux. L'Opposition évite avec soin d'augmenter le patronage de la couronne. Ceux qui vivent des abus travaillent à les perpétuer. Ces deux motifs concourent avec le respect inné pour les institutions à rendre les réformes lentes et difficiles.

Dans le classement des armes l'artillerie passe la première, puis la cavalerie et ensuite l'infanterie. Ceux-là n'étaient pas avancés dans l'art qui ont assigné à l'infanterie la dernière place. Au reste il ne s'agit ici que d'un rang de parade. En toute circonstance le plus ancien du grade le plus élevé commande, quelle que soit l'arme à laquelle il appartienne.

L'INFANTERIE consistait au commencement de 1808 en trois régimens de gardes à pied, cent quatre d'infanterie de ligne ou légère, dix-neuf spécialement affectés au service des

Indes occidentales, de l'Afrique, de Ceylan, du Canada et de la Nouvelle-Écosse; dix-huit bataillons de garnison et de vétérans appliqués au service sédentaire; dix bataillons de la légion allemande (*King's german legion*); quatre régimens suisses ou réputés tels, et sept corps hors ligne composés originairement d'Allemands, de Français, de Siciliens, de Grecs, et recrutés avec des déserteurs et des prisonniers de toutes les nations.

Les trois régimens de gardes à pied forment sept bataillons et sont tous corps d'élite. Leur solde est plus forte, l'uniforme plus riche, et l'espèce d'hommes, quoique fournie par le même mode de recrutement que le reste de l'armée, est d'une taille plus haute. Les officiers ont un grade au-dessus de l'emploi et appartiennent presque tous à des familles considérables. Quoique leur destination première soit de garder les palais et la personne du monarque, on leur fait faire la guerre à peu près comme aux autres régimens. Les gardes ne sont pas aimés dans l'armée qui les appelle soldats de lits de plume, porte envie à leurs avantages et demande à quel titre ils en jouissent; sentiment bien différent de celui qu'inspirait la garde impériale aux troupes de l'armée française!

Les régimens de ligne sont désignés par des numéros. Cinquante-deux ont un seul bataillon, quarante-sept en ont deux, quatre en ont trois; un seul régiment, le soixantième, en a huit. Nous ne voyons pas de motifs plausibles à cette bigarrure, et nous trouvons de graves inconvéniens à avoir des régimens d'un bataillon. Tout le monde sait comment un bataillon isolé fond vite à la guerre, et quelle altération cela produit dans l'ordre de bataille.

L'organisation des régimens est calculée sur ce principe, que les bataillons doivent servir séparés les uns des autres. Il n'y a pas d'états-majors régimentaires. Chaque bataillon a un lieutenant-colonel, deux majors, un adjudant, un payeur, un quartier-maître, un chirurgien-major et un aide-chirurgien. Il est partagé en dix compagnies, dont une de grenadiers et une légère, placées aux deux ailes, et pour ce motif appelées compagnies de flanc. La compagnie est commandée par un capitaine qui a sous ses ordres un lieutenant et un sous-lieutenant. C'est ordinairement en haussant ou en baissant l'effectif des compagnies que le gouvernement augmente ou diminue l'établissement militaire. Elles descendent rarement en temps de paix au-dessous de quarante hommes, et jamais pendant la guerre on ne les a élevées jusqu'à cent. A l'époque où les troupes anglaises ont pris part aux événemens de la Péninsule, la force des compagnies d'infanterie était, terme moyen, de soixante-cinq hommes présens sous les armes.

L'infanterie va en campagne distribuée en brigades de deux, trois, même quatre régimens, suivant le nombre et la force des bataillons. Les grenadiers n'ont point, aux yeux des autres soldats, l'éclat et la prééminence des grenadiers français et hongrois. On n'est pas dans l'usage de réunir tous ceux d'une ou de plusieurs brigades pour tenter des actions de vigueur. On rassemble quelquefois les compagnies légères en bataillons provisoires, ce qui est précisément l'opposé de l'institution de cette espèce de troupe.

Quelques régimens de la ligne, tels que le quarante-troisième, le cinquante-et-unième, le cinquante-deuxième, etc., etc., s'intitulent régimens d'infanterie légère. Ces corps, non plus que les compagnies légères de bataillons, n'ont de léger que le nom, car ils sont armés, et à quelques ornemens près, habillés comme le reste de l'infanterie. On a jugé que le soldat anglais n'a pas l'intelligence et la flexibilité nécessaires pour faire avec un égal succès le service commandé de la ligne et le service d'inspiration du tirailleur. La nécessité d'une infanterie légère spéciale étant sentie, on a fait d'abord quelques essais avec les meilleurs tireurs de différens corps. On s'est fixé ensuite à appliquer exclusivement au métier de tirailleurs les huit bataillons du soixantième, les trois du quatre-vingt-quinzième et quelques étrangers. Cette troupe a reçu le nom de carabiniers (*riflemen*) à cause des carabines dont elle était armée pendant la dernière guerre; elle a été détachée par compagnie dans les brigades. Le langage retentissant des cornets servait en même temps à diriger les carabiniers suivant les vues du général, et à avertir celui-ci des manœuvres de l'ennemi qu'il n'aurait pas été possible d'apercevoir du corps de bataille.

Les Anglais, les Écossais et les Irlandais sont mêlés dans les régimens. L'Irlande fournit plus de soldats, en proportion de sa population, que les deux autres royaumes. Il semblerait que le caractère général attribué par nous aux troupes britanniques devrait être altéré par ce mélange; mais la discipline anglaise est pour ceux qu'elle embrasse le lit de Procuste. Les esprits comme les corps subissent la loi du peuple dominateur. Quatre régimens formant neuf bataillons portent le nom d'Écossais de la montagne (*Highlanders*). Leur recrutement se fait presque exclusivement dans la partie montagneuse de l'Écosse, et on y place de préférence des officiers du pays. Les Highlanders conservent leur jupe nationale en place de culotte. Cela n'est ni concordant avec le reste du vêtement, ni commode à la guerre. N'importe; une distinction qui a son principe dans les coutumes populaires impose toujours un devoir de plus à remplir. Il n'y a pas au service du roi d'Angleterre de régimens plus fermes en bataille que les Écossais.

L'infanterie est la meilleure portion de l'armée britannique. C'est le *robur peditum*, comme le disaient les Romains des triaires de leurs légions. Les Anglais n'escaladent pas la montagne et n'effleurent pas la plaine, lestes et rapides comme les Français ; mais ils sont plus silencieux, plus calmes, plus obéissans ; pour ce motif leurs feux sont plus assurés et plus meurtriers. On ne les verra pas résignés sous le boulet à l'égal des Russes, mais ils se pelotonnent moins confusément et conservent mieux l'ordonnance primitive. Il y a dans leur fait quelque chose du mécanisme allemand avec une exécution plus active et plus morale. Le règlement de manœuvres qu'ils suivent depuis 1798 est imité des Prussiens. L'infanterie, quoique formée constitutionnellement sur trois rangs, ainsi que les autres infanteries de l'Europe, se met le plus souvent sur deux. Elle se double sur quatre pour faire et recevoir un effort. Il lui arrive d'exécuter des mouvemens offensifs, même de charger des colonnes en ordre déployé. De pied ferme elle commence sa défense par des décharges générales de bataillons que suit un feu de file bien nourri. Elle se retourne sans émotion pour répondre à ceux qui viennent par derrière. En marchant elle tire sans se désunir.

L'infanterie anglaise ne craint pas d'aborder son ennemi à la baïonnette. Cependant, le chef qui voudra en user sans la compromettre devra la mouvoir rarement et avec précaution, et compter sur son feu plus que sur ses manœuvres.

L'infanterie anglaise est habillée de rouge : c'est la couleur nationale, et le soldat y tient beaucoup. Les riflemen sont en vert. Il y a bien aussi chez eux quelques faiseurs tourmentés de la manie de fatiguer la troupe par une tenue minutieuse et par des innovations perpétuelles dans l'habillement. Ce travers, tout encouragé qu'il a été par le goût particulier du prince régent, n'a pas fait de grands ravages. On adopte de loin en loin les changemens que l'expérience des autres armées a fait juger utiles. L'usage de la poudre pour les cheveux a cessé en 1808, par un ordre du commandant en chef. Les sergens anglais portent des hallebardes. Les fusils des soldats sont moins légers que les nôtres, et ont le calibre un peu plus fort. Les autres parties de l'armement et de l'équipement sont, en général, préférables à ce que nous avons.

Les troupes étrangères au service d'Angleterre ont, sans distinction aucune, le régime de l'armée nationale. Presque toutes étaient employées dans la péninsule espagnole. Tandis que des invasions et des retraites tumultueuses amassaient sur nos soldats français des misères, incompréhensibles à quiconque ne les a pas éprouvées; tandis que des troupes autrichiennes et prussiennes, combattant dans leur propre pays, sous les yeux de leur prince, n'osaient tenter que des attaques insignifiantes ou de molles défenses; quinze mille mercenaires allemands, recrutés sans choix, servant sans affection, mais exactement payés, vêtus avec une espèce de luxe, bien nourris, encore mieux abreuvés, se sont montrés les rivaux de gloire des Anglais qui les soldaient. Tant est puissante l'influence des bons traitemens et d'une organisation vigoureuse !

Les soins que les Anglais donnent à l'éducation des chevaux, et les qualités supérieures de ceux qui naissent dans leur île, avaient inspiré de leur cavalerie une idée avantageuse, que l'expérience de la guerre n'a pas justifiée. Les chevaux sont mal dressés pour combattre. Ils ont les épaules gênées et la bouche dure, et ne savent ni tourner ni s'arrêter. Leur queue coupée est un grave inconvénient dans les pays chauds. Les soins de luxe dont on les accable les rendent inhabiles à supporter la fatigue, la disette et le bivouac. Les hommes sont excellens palefreniers; ne leur demandez pourtant pas ces sentimens de tendresse qui, en Turquie, en Pologne, en Allemagne, font du guerrier et de son cheval deux compagnons à la vie et à la mort. Dans la retraite de la Corogne, les corps de cavalerie faisaient halte; le chef commandait : *Pied à terre; prenez vos pistolets;* et à un troisième commandement, chaque cavalier brûlait la cervelle à son cheval en un temps et deux mouvemens. Il y avait nécessité; mais une armée d'Anglais était la seule où l'on pût exécuter cette barbare exécution, sans que les soldats se soulevassent d'indignation.

Le recrutement de la cavalerie est plus soigné que celui de l'infanterie. On s'y enrôle pour dix ans. Les jeunes gens de famille y entrent de préférence comme officiers. L'État entretient trente-cinq régimens nationaux de cavalerie, savoir : trois de gardes à cheval, corps d'élite, comme ceux qui leur correspondent dans les troupes à pied; sept régimens de dragons-gardes et six de dragons, habillés de rouge, et connus sous la dénomination collective de dragons pesans (*heavy dragoons*), parce qu'ils sont montés sur de forts chevaux; quinze régimens de dragons légers et quatre de hussards, habillés en bleu, et montés sur des chevaux moins étoffés que les autres [1].

[1] Pendant la guerre de la Péninsule, nos soldats, frappés de l'élégance de l'habit des dragons légers, de leurs casques brillans, de la tournure svelte des hommes et des chevaux, leur avaient donné le nom de *lindors*. On a substitué, en 1813, à cet habillement particulier aux

Chaque régiment était, en temps de guerre, de cinq escadrons, et l'escadron de deux compagnies (*troops*), fortes chacune de soixante à quatre-vingts chevaux en entrant en campagne.

La cavalerie la plus solide d'Angleterre est loin de l'ensemble et de l'aplomb des cuirassiers de France et d'Autriche. La cavalerie la plus légère possède encore moins l'intelligente mobilité du hussard hongrois et du Cosaque. Les cavaliers n'ont ni cuirasses ni lances. Ils ne se doutent pas des ruses de la petite guerre. Ils ne savent pas davantage charger en muraille. Quand la mêlée commence, vous les voyez à la fois vulnérables et offensifs, frapper de taille et non d'estoc, et porter au visage de l'adversaire des coups de sabre peu dange-

---

troupes britanniques la coiffure et l'habit-veste de la cavalerie légère d'Allemagne.

Les lances des Polonais à Albuhera et les cuirasses des Français à Waterloo ont aussi fait naître dans l'esprit des Anglais d'avoir des lanciers et des cuirassiers.

reux. L'ordonnance de la cavalerie anglaise est la même que celle des autres cavaleries d'Europe. Avant les campagnes sur le continent, les officiers-généraux et supérieurs de cette arme n'avaient pas l'occasion de manier des masses. La guerre de la Péninsule ne paraît pas avoir développé chez eux ce talent. On peut prédire que partout où la cavalerie anglaise sera engagée contre une cavalerie bien commandée, elle aura le dessous. Les soldats sont braves, les chevaux sont bons; mais ce n'est pas assez : il faut encore de la science et de l'ensemble. Nous avons vu plus d'une fois de faibles détachemens charger nos bataillons à fond, mais en désordre. Le cavalier, ivre de rhum, lançait son cheval, et le cheval emportait le cavalier au-delà du but. On ne pouvait pas former de nouveau les escadrons; il ne s'en trouvait pas d'autres à portée de consommer l'œuvre : le coup d'audace passait sans profit pour l'armée.

L'Angleterre entretenait aussi deux régimens de dragons et trois de hussards, appartenant au corps étranger dit *King's german legion*. Ils ont surpassé la cavalerie nationale pour le service des avant-gardes et pour la bataille. La charge la plus audacieuse de la guerre d'Espagne a été fournie, ainsi que nous le verrons en son lieu, le lendemain de la bataille des Arapiles, par l'Hanovrien Bock, à la tête de la brigade pesante de la légion allemande.

L'ARTILLERIE et le génie sont distincts du département de la guerre, et dépendent d'un autre ministère. L'Ordonnance est le nom qu'on donne à l'office chargé des fortifications et de l'approvisionnement en armes et en munitions des armées de terre et de mer. L'Ordonnance a sa trésorerie, ses sinécures, son budget, ses établissemens et son armée particulière. Elle forme un État dans l'État, sous le gouvernement d'un maître général (*master general of Ordnance*). Ce chef suprême exerce le commandement à lui seul, et ne dépend de ses accesseurs (*board of Ordnance*) que dans quelques points d'administration. Son pouvoir sur le personnel et le matériel de son département est plus grand que le pouvoir réuni du secrétaire de la guerre et du commandant en chef dans l'armée. Il nomme et révoque les officiers et comptables; il fait et défait au nom du Roi. Ayant sa place dans le cabinet, il y entre et en sort comme les autres ministres. Quoique tout citoyen anglais puisse être nommé à cette charge élevée, elle est remplie ordinairement par des officiers-généraux. Le comte de Chatam et lord Mulgrave ont été maîtres-généraux de l'Ordonnance pendant les guerres de la Péninsule.

L'artillerie et le génie n'ont de rapport ensemble que de ressortir au même ministère, et d'avoir un enseignement préparatoire commun et un régime semblable. Il faut, pour devenir officier dans ces deux armes, avoir passé par une école spéciale, celle de *gentleman cadet*, établie à Woolwich. Les jeunes gens y sont admis de quatorze à seize ans. Ils suivent les exercices pratiques du canonnier et du sapeur, et reçoivent en même temps une instruction théorique sur les sciences physiques et mathématiques, le dessin, la fortification et l'art militaire. Après un cours de quatre années, on leur fait subir un examen, et ils sont reçus seconds lieutenans, d'après les témoignages que les professeurs fournissent au maître-général de l'Ordonnance. Les officiers de l'artillerie et du génie prennent rang avec ceux de l'armée. Ils n'achètent pas leurs commissions. L'avancement a lieu par ancienneté. Les talens extraordinaires et les actions d'éclat sont récompensés par des grades en dehors de l'emploi (*brevet rank*).

Les fonctions confiées en France au seul corps d'artillerie sont ici éparses dans plusieurs mains. La troupe d'artillerie n'est chargée que de l'exécution des bouches à feu. Elle consiste en un régiment de dix bataillons, *royal regiment of artillery*, dont le maître-général de l'Ordonnance est colonel. Le bataillon est fort de dix compagnies, de cent vingt hommes chacune. Il y a, outre le colonel-commandant, cinq officiers supérieurs. La compagnie est commandée par deux capitaines et trois lieutenans. Il y a une compagnie d'artillerie à cheval par bataillon, ce qui fait dix en tout. Elles roulent, pour l'avancement et le service, avec l'artillerie à pied.

L'artillerie tient le premier rang dans l'armée ; elle a la meilleure solde, elle choisit le mieux ses recrues, l'enrôlement limité y est pour douze ans. Les canonniers sont habillés de bleu. Ils se distinguent entre les autres soldats par le bon esprit qui les anime. En bataille, leur activité est judicieuse, leur coup-d'œil parfait et leur bravoure stoïque.

Il ne faut pas chercher, parmi les officiers de l'artillerie anglaise, l'universalité de connaissances et la fécondité de ressources que l'on trouve en France dans le corps chargé de fabriquer les engins de guerre et de coordonner et mettre en jeu les principaux élémens de l'art de détruire; ceux-là n'improviseront pas des équipages de pont de campagne et de siége; soldats et officiers se sont montrés inexperts dans l'attaque des places. La prévoyance administrative n'est point exigée de gens qui n'administrent rien. Ils ne se piquent pas d'être ingénieux dans l'emplacement des batteries, ni d'exécuter le tir à ricochet; leur mérite consiste à conserver en bon état et à servir avec intrépidité les canons attelés qu'on leur confie.

Le corps d'artillerie a, malgré son classement légal, une considération relative, moins grande en Angleterre que dans d'autres armées; les chefs étant trop vieux pour faire campagne, les commandemens actifs sont remis à des officiers d'un grade moins élevé que ne le comporte l'importance de leurs attributions. Un simple lieutenant-colonel a souvent commandé en chef l'artillerie de lord Wellington. D'ailleurs la perspective de gloire offerte aux corps à talent est limitée. On a trop en horreur les avancemens hors de la règle, pour permettre qu'un artilleur ou un ingénieur qui se trouverait trop à l'étroit dans son arme s'élançât dans le service général de la ligne; jamais de l'école de Woolwich ne sortira un Bonaparte.

Les Anglais nous ont précédés dans l'institution du train d'artillerie; les premiers essais en ont été faits en 1793 sous les auspices du duc de Richemond, alors maître-général de l'Ordonnance. Le corps des charretiers d'artillerie (*royal artillery drivers*) est organisé militairement. On paie cher les chevaux qui servent à traîner les pièces, et par conséquent ils sont très-bons. Les harnais ressemblent aux harnais de nos carrosses. Aucune nation ne peut le disputer aux Anglais pour l'attelage et le transport des voitures. Ne sont-ils pas destinés à troubler le monde, ces hommes qui, par terre comme par mer, ont des moyens organisés pour arriver sûrement et promptement en tous lieux ?

L'administration régimentaire n'est pas la même dans les troupes de l'Ordonnance que dans les corps d'infanterie et de cavalerie. L'habillement et l'équipement sont fournis par le département, qui a toujours dans ses magasins de quoi habiller et équiper trente mille soldats et harnacher dix mille chevaux d'artillerie.

Les Anglais mènent peu de canons en campagne ; le plus qu'en a eu lord Wellington, dans la Péninsule, n'allait pas à deux bouches à feu par mille hommes. Il n'existait point de parc de siége à la suite de son armée, et les pontons étaient en trop petit nombre pour mériter le nom d'équipage. Les bataillons ne sont pas dans l'habitude de manœuvrer mêlés avec l'artillerie. Cette arme agit ordinairement par batteries de cinq pièces de six et d'un obusier. Affûts, caissons, fers coulés, poudre, attirails de tout genre sont remarquables par l'excellente qualité des matières premières et par le fini du travail. L'artillerie a employé avec succès dans les batailles une grande quantité de boulets creux appelés *Shrapnell's spherical case shot*, du nom du colonel Shrapnell, leur inventeur [1].

Les travaux de l'artillerie, comme les munitions, les artifices, les affûts, sont régis par entreprise; les fonderies de canons de bronze, par spéculation commerciale libre, de même que les canons de fer, et quelquefois aussi la poudre que l'État achète des particuliers qui en fabriquent. La direction des travaux dans le premier cas, la réception

---

[1] Les boulets creux sont des obus dont une moitié est massive, et l'autre moitié creuse, contenant des balles; à distance donnée, l'obus éclate. La partie massive va toujours en avant, et reçoit par l'explosion une impulsion additionnelle préférable aux boîtes à mitraille, à cause de la portée; il y a le massif en outre. Les canonniers français ont mis souvent boulet et boîte à mitraille ensemble.

Le canon à obus de Shrapnell est plus facile à manœuvrer que l'obusier.

et les épreuves dans le second et le troisième, forment une branche de service administratif que l'Ordonnance confie le plus souvent à des officiers supérieurs de l'artillerie.

Les puissances continentales, qui disséminent leurs arsenaux de construction dans plusieurs places et sur plusieurs frontières, ne peuvent s'enorgueillir de rien qui ressemble à l'établissement unique et magistral de Woolwich, petite ville située à trois lieues au-dessous de Londres sur la rive droite de la Tamise. De-là sort l'artillerie de terre et de mer de l'empire britannique. Cinq mille ouvriers y étaient continuellement occupés pendant la guerre. Nous y avons vu plusieurs arpens de terre tout noirs de canons gissans et de boulets empilés. Les expéditions du matériel se font, pour toutes les parties du monde, avec une rapidité merveilleuse. Woolwich est la ville de l'artillerie : toutes les troupes de cette arme y tiennent garnison, et ce qui est employé aux colonies et aux armées est regardé comme détachement. Une vaste lande appelée *Black-Heath*, qui s'étend devant les casernes, est affectée aux exercices. Les seuls bâtimens élevés depuis le commencement de ce siècle ont coûté sept cent mille livres sterling, environ quinze millions de francs.

Un corps est chargé, sous la direction immédiate de l'office de l'Ordonnance, de la conduite et de la comptabilité des attirails et munitions de guerre. Ceux qui le composent font leur service à l'intérieur et aux armées. Ce sont eux qui délivrent les armes, les cartouches, les canons, les caissons aux troupes d'infanterie, de cavalerie et d'artillerie. Leurs emplois sont assimilés à des grades militaires. On les appelle officiers du train de campagne du département de l'Ordonnance (*officers of the field train department of the Ordnance*).

Le corps du génie anglais, *corps of royal engineers*, a pour colonel le maître-général de l'Ordonnance. Il est composé de deux à trois cents officiers, inférieurs en théorie et en pratique à ceux qui exercent ailleurs la même profession. L'instruction de l'école de Woolwich est prise dans les livres français, et jusqu'à ces dernières années, pas un auteur national n'avait écrit *ex professo* sur les parties savantes de la guerre. Le grand fossé entre Douvres et Calais dispense les Anglais d'élever, autour de leurs villes, des remparts qui effraieraient les citoyens. On est en droit de supposer que des ingénieurs qui ne construisent jamais de forteresses, et qui n'en ont même pas sous les yeux, s'entendent en fortification à peu près comme s'entendraient en marine des matelots qui n'auraient jamais vu la mer.

Sur ce point, l'armée est, comme de raison, encore plus arriérée que les corps spécialement appliqués à l'attaque et à la défense des places. Avant l'institution des écoles militaires, un gentleman n'entendait parler dans ses études ni de Vauban ni de Cohorn. Depuis les campagnes de la succession d'Espagne jusqu'à celles de la révolution, les exploits des troupes britanniques dans la guerre de siége se sont bornés à attaquer aux colonies quelques places mal fortifiées et faiblement défendues. Lorsque le duc d'York fut chargé en 1793 de prendre Valenciennes, les généraux de l'armée combinée craignirent de confier la direction des travaux à l'inexpérience des ingénieurs anglais, et peu de mois après, la conduite de ceux-ci devant Dunkerque prouva que les coalisés avaient eu raison.

Alors les forces anglaises figuraient comme auxiliaires. Elles n'ont pas mieux fait en ce genre depuis qu'elles ont été partie principale. Dans les siéges de la Péninsule le front d'attaque a été souvent mal choisi, et les batteries ont été établies sans discernement. On a essayé de battre en brèche à des distances telles que le boulet égratignait à peine la maçonnerie. Les soldats étaient maladroits à faire des gabions et des fascines, plus maladroits encore à s'en couvrir. L'artillerie n'avait pas de mortiers, employait mal les obusiers et paraissait ignorer l'usage des feux verticaux. Pas la moindre notion des procédés infaillibles qui conduisent l'assiégeant pied à pied et avec le moins de risque possible au cœur des défenses de l'assiégé. On eût dit que les ingénieurs étaient là seulement pour construire les places d'armes desquelles s'élanceraient les troupes destinées à l'assaut ou à l'escalade; et encore eût-on pu à la rigueur, avec des soldats si déterminés, se passer de leur ministère. Une pareille absence de méthode ne fait pas honneur au corps du génie. Elle accuse davantage les conceptions du général en chef. Il est des absurdités que la non-réussite a rendues plus saillantes, et d'autres que le succès n'a pas absoutes. Si les membres du parlement d'Angleterre avaient eu sur la guerre la dixième partie des connaissances qu'ils possèdent en finances et en législation, on aurait demandé compte du sang anglais que l'ignorance a fait verser à flots aux siéges de Badajoz et du château de Burgos.

Dans le service de campagne, les ingénieurs

sont répartis entre le quartier-général et les divisions. Est-il besoin de faire sauter un pont? Le résultat qu'ils obtiennent est presque toujours imparfait ; ils détruisent et raccommodent les routes lentement; ils font peu d'ouvrages de campagne. Nous ne connaissons, dans la Péninsule, de monument remarquable de l'industrie de nos ennemis, que les lignes construites en 1810 pour la défense de Lisbonne, et l'on doit en rapporter l'honneur en partie aux ingénieurs du Portugal, qui ont communiqué aux Anglais, soit pour la conception du projet, soit pour l'exécution des travaux, des idées lumineuses et des données exactes recueillies depuis longtemps.

L'expérience des siéges a fait sentir la nécessité de relever le corps du génie dans l'opinion, et de perfectionner les moyens dont il dispose. Un ordre du 25 mars 1813 a appelé les officiers à concourir pour le commandement avec ceux de la ligne, justice dont on les avait privés jusqu'alors. Il existait des ouvriers en bois et en fer (*royal artificers*), employés à l'entretien des fortifications. On les a convertis en un corps de sapeurs-mineurs (*royal sappers and miners*), dont l'éducation a été refaite d'après son appellation et sa destination nouvelle. Il est destiné à fournir des piqueurs pour les travaux de campagne et de siége; les ponts mobiles et autres sont dans ses attributions. L'école pratique du génie a été établie à Chatam.

Les officiers accoutumés aux reconnaissances et aux levers rapides du terrain ne sont pas nombreux dans l'armée anglaise; on n'y conserve pas, comme en France, les traditions de guerre. Le général Lloyd est le premier qui ait pensé à considérer l'Angleterre sous le point de vue défensif. Lors des dernières menaces d'invasion, l'Ordonnance a entrepris de faire lever avec luxe et exactitude une carte des trois royaumes; cette œuvre importante est poursuivie et sera menée à fin par le corps des ingénieurs-géographes (*royal military sur-*

veyors and draftmen), qui a son établissement dans la tour de Londres. Les ingénieurs-géographes n'ont aucune connexion avec les ingénieurs militaires.

Il n'existe pas de corps d'état-major ; nulle part cependant les ordres ne sont rédigés en une forme plus positive, transmis avec plus de promptitude, exécutés avec plus de scrupule. C'est encore un relief des institutions du pays; le commandant en chef exerce son autorité par l'intermédiaire de l'adjudant-général et du quartier-maître-général, deux officiers d'un rang élevé dans l'armée : au premier ressortissent la discipline, le service courant, le recrutement, l'habillement, les rapports, le travail préparatoire de la législation militaire, en un mot les détails qui, suivant l'expression anglaise, constituent l'*efficiency* de l'armée, c'est-à-dire tout ce qui la met en état de produire les effets qu'on a droit d'en attendre. Le second est chargé des mouvemens, des feuilles de route, du campement, logement et casernement, de l'embarquement et débarquement des troupes, des relations avec le service des hôpitaux et des vivres, des dispositions passagères relatives à la défense. Il a sous son autorité le dépôt de la guerre, institué depuis la paix de 1814, à l'imitation de celui de Paris; le *royal waggon-train*, corps de charretiers, qui traîne les équipages, et le *staff corps*, troupe d'état-major, à pied et à cheval, employée à guider les colonnes, ouvrir les marches, tracer le camp et subsidiairement à faire la police de l'armée. Toute correspondance étrangère aux attributions de l'adjudant-général et du quartier-maître-général, et particulièrement l'avancement, les commissions et les grâces, passent par le canal d'un autre officier qui porte le titre de secrétaire du commandant en chef; il a aussi son département et ses bureaux.

L'état-major de commandant en chef est le type des autres états-majors, au dedans et au dehors. Il y a dans chaque commandement, chaque armée, chaque division territoriale ou de troupes, deux ou un plus grand nombre d'officiers exerçant, avec les titres d'adjudant et de quartier-maître-général, ou bien avec ceux de *assistant* et de *deputy*, qui correspondent à notre nom d'*adjoint*, les mêmes fonctions que remplissent l'adjudant-général et le quartier-maître-général de toutes les forces britanniques sous les ordres immédiats du duc d'York. Un des aides-de-camp du général-commandant fait toujours l'office de secrétaire militaire. Cette répartition de service de l'état-major, en plusieurs départemens, convient au commandement général des forces, parce que c'est un véritable ministère où la multiplicité des détails rend nécessaire la division du travail; elle serait vicieuse dans une armée active où l'unité et le secret sont les premières qualités requises pour la transmission des ordres du chef.

L'infanterie et la cavalerie sont formées à la guerre en divisions séparées, à chacune desquelles est attachée une batterie d'artillerie à pied ou à cheval. On attache même, en temps de paix, à chaque brigade, un officier qu'on appelle major de brigade, et qui a la charge de communiquer aux adjudans de régimens et faire exécuter les ordres du général-commandant et ceux des autorités centrales de l'armée.

Les emplois des départemens de l'adjudant-général et du quartier-maître-général, de major de brigade et d'aide-de-camp, sont exercés par des officiers détachés de leurs régimens où on ne les remplace pas; ils doivent avoir au moins quatre ans de service. On est censé les choisir parmi les sujets les plus capables, et parmi ceux dont l'éducation a été dirigée vers la science de la guerre; c'est néanmoins la faveur qui porte le plus grand nombre dans le service de l'état-major.

L'ARMÉE anglaise demeurant dans le pays coûte deux fois plus qu'une autre armée de même force. Cela vient du taux élevé des engagemens, de la cherté des denrées et des matières, du luxe des attirails et de l'aisance donnée au soldat. Lorsqu'elle est employée hors de son île, les frais de campagne dépassent tous les calculs. Là où les troupes sont menacées de la disette, le gouvernement verse l'argent à profusion, et, quand on ne trouve pas de vivres à acheter sur les lieux, il les envoie en nature. La distance ne fait rien aux maîtres de la mer. On a vu des chevaux anglais en Portugal, nourris avec du foin coupé dans les prairies de Yorkshire, et les hommes, avec des farines apportées d'Amérique.

Le commissariat est chargé du soin des subsistances; il conclut des marchés, frappe les réquisitions, paie les denrées, les prépare, les emmagasine et les distribue. Il semblerait que le corps administrant devrait avoir une importance d'autant plus grande, que l'armée a davantage besoin de ses services. Il n'en est pas ainsi pour le commissariat anglais : ses membres appartiennent presque tous à la petite bourgeoisie, et même aux classes inférieures de la société. Quoique soumis à l'autorité militaire, et justiciables des Cours martiales même en ce qui concerne leur gestion, ils ne sont pas encadrés dans la hiérarchie graduelle de l'armée et ne participent pas aux récompenses. Quelques-uns s'enrichissent par des voies irrégulières. On est peu disposé à croire à la probité de gens qui sont à la fois acheteurs, payeurs, caissiers, garde-magasins, surveillans et comptables. Étrangers par leurs fonctions à l'administration intérieure des régimens, ils sont sans considération auprès de l'officier et du soldat.

Vingt mille Français vivront pour rien où dix mille Anglais mourront de faim la bourse à la main. Pendant les premières campagnes de la Péninsule, on ne lisait, dans les gazettes de Londres, que lamentations sur le peu de savoir-faire des commissaires d'armée. Nourrir les troupes à la guerre est parfois un métier plus difficile que de les commander. Pour attirer à soi les ressources d'un pays, il faut les chercher, les deviner, sympathiser avec ceux qui les possèdent, parler à leurs passions, les éclairer sur leurs véritables intérêts. Les Anglais marchaient sans traditions et sans expérience. L'entregent n'est pas leur lot, et ils ne connaissent de puissance au monde que la force et l'argent. Des inconvéniens qui avaient leur principale source dans la roideur du caractère national furent mis sur le compte de la mauvaise organisation du commissariat. Pour le régénérer, on nomma commissaire en chef le colonel sir Willougby Gordon, qui avait rempli avec distinction l'office de secrétaire militaire du duc d'York. Avant lui, on entrait d'emblée dans les premiers emplois du commissariat; il réforma cet abus; désormais, nul ne put devenir commissaire-général, qu'après avoir fait preuve de capacité dans les degrés de *clerk, deputy, assistant, assistant et deputy*. Il établit de bons réglemens de service, et il donna au corps la stabilité et une partie du relief qui lui manquaient. La charge de commissaire en chef, toujours exercée par une personne étrangère au commissariat, est un département ministériel, sous l'autorité des lords de la trésorerie.

Les Anglais ont pour système de préparer les approvisionnemens long-temps à l'avance, et de tout payer. Ils ont recours aux réquisitions seulement dans les cas extrêmes. Un employé des vivres est attaché à chaque brigade d'infanterie et à chaque régiment de cavalerie. Il n'existe pas de troupes affectées spécialement au service des subsistances militaires. On tient à louage, à la suite de l'armée, des parcs de voitures ou des brigades d'animaux de bât, suivant la nature du pays où l'on opère.

Le service de santé est indépendant du commissariat; il forme un département à part (*medical department*), dirigé par trois docteurs en médecine, dont un a le titre de directeur-général, et les deux autres celui d'inspecteurs principaux. A eux appartiennent l'examen et le choix des officiers de santé militaires, leur avancement, leur répartition, la surveillance de l'administration des hôpitaux, la comptabilité des dépenses. Les inspecteurs, médecins, chirurgiens, apothicaires, économes et sous-économes, sont sous leurs ordres. Dans les hôpitaux, c'est le médecin, ou, à son défaut, le premier chirurgien, qui commande. Au régiment, le chirurgien-major reçoit une rétribution extraordinaire, calculée sur le nombre des hommes présens. On se trouve bien d'accorder de justes égards à la science, et de lui donner la haute-main sur l'administration. Des hommes voués à l'exercice d'une profession libérale offrent plus de garantie que des spéculateurs avides.

Les ambulances sont l'objet d'une attention toute particulière de la part des chefs. Chaque corps d'infanterie ou de cavalerie a son hôpital. On transporte les blessés et les malades sur des voitures suspendues. Autrefois les armées britanniques se morfondaient dans l'inaction; elles se sont corrigées de ce défaut. Un régime meilleur et l'assistance des peuples leur ont donné les moyens de pousser la guerre, sans rien entreprendre d'aventureux et en dépensant beaucoup de guinées et peu de soldats. Une armée, suivant l'estimation du vieux roi de Prusse, a besoin d'un remplacement annuel, égal au tiers de son monde. Les six campagnes de la Péninsule, prises l'une dans l'autre, n'ont pas coûté par an à l'Angleterre le sixième du nombre d'hommes qu'elle y a employés.

Nous avons présenté l'armée anglaise comme étant sur un pied respectable; déjà elle surpasse les autres armées en discipline et en quelques détails d'aménagement intérieur. Elle chemine lentement dans la voie des améliorations; mais elle ne rétrograde jamais. On ne saurait assigner de limites à la puissance d'organisation où peut atteindre un peuple libre et réfléchi.

Faut-il pour cela jeter le cri d'alarme? L'Europe est-elle condamnée sans appel, comme le continent de l'Inde et toutes les îles de la terre, à essuyer l'outrage de la morale et des armes britanniques?

Rassurons-nous. On a vu les Anglais de près, Napoléon leur avait procuré un éclair de popularité européenne; mais Napoléon aussi a porté l'arrêt qui détruira tôt ou tard leur prééminence sur les autres peuples civilisés. De longues guerres ont forcé les nations à se suffire à elles-mêmes; elles leur ont appris à employer leurs capitaux sur leur propre sol plutôt que de les aventurer dans des expéditions lointaines. Dans l'un et l'autre hémisphère, l'industrie marche à pas de géant, ayant pour guide les lumières du siècle, et pour encouragement l'esprit de liberté; une production plus active, multipliant les jouissances sous les pas des consommateurs, restreint la nécessité des échanges lointains. Les colonies vont se détachant des métropoles. On se tient en garde contre la politique d'un cabinet dont les intérêts permanens sont antipathiques à ceux du reste du monde. Chaque jour plus impuissante à nuire par ses intrigues, l'Angleterre n'a jamais été et ne sera jamais en état de rien entreprendre de considérable sur le continent par la seule force de ses armes.

La profession de soldat est repoussée par l'opinion des citoyens anglais; l'armée coûte énormément à nourrir, à équiper, à mouvoir; elle est difficile à recruter. Si à cause de l'insuffisance de l'enrôlement volontaire on avait recours à la conscription pour réparer ses pertes, on la verrait bientôt réclamer une discipline libérale, des droits civiques, l'avancement, et elle ne serait plus l'armée de l'aristocratie. Ses détachemens sont éparpillés dans les quatre parties du monde; pas un rocher ne montre sa tête au-dessus de la Méditerranée ou de l'immense Océan, qu'elle n'y dépose quelques escouades de soldats. Elle se dédouble pour l'invasion progressive de l'Inde; après un pareil morcellement, que reste-t-il pour les grandes expéditions de terre ferme? Nous avons vu le gouvernement britannique ne parvenir à mettre en action un corps de cinquante mille nationaux, dans la péninsule espagnole, qu'en en tenant cinq cent mille sur pied, au logis et dans les possessions lointaines.

Ainsi la plus nombreuse armée active des Anglais sera de cinquante mille hommes. Elle apparaît à l'improviste à la portion du littoral où son ennemi est le plus vulnérable. Les soldats débarquent; croyez-vous que le général brûlera ses vaisseaux? Avant d'avoir touché le rivage, la prudence lui a prescrit d'aviser aux moyens de se rembarquer; on est déjà vaincu alors qu'on croit pouvoir l'être.

Les premières troupes de débarquement se sont emparées d'une place d'armes où on amasse vivres et munitions. La campagne s'ouvre; les regards des soldats sont restés long-temps attachés sur leur patrie flottante, et quand ils ont cessé de voir la mer, la tristesse s'est emparée de leurs ames. Dépourvue de troupes légères, l'armée se meut à l'aveugle; pays, mœurs, habitans, elle ignore tout et ne sait rien apprendre; des bataillons débiles de femmes et d'enfans sont entremêlés avec les cohortes combattantes. Le soldat ne porta jamais avec lui du pain pour plus de trois jours ; il ne suspend point à son dos les marmites et les gamelles, ces ustensiles de cuisine sont chargés sur des bêtes de somme; d'autres animaux de bât portent les équipages des corps, les tentes et le menu bagage des officiers particuliers, les provisions de table et la vaisselle plate des officiers-généraux; le dernier sous-lieutenant emploie à son service personnel plusieurs chevaux et plusieurs soldats. Derrière les colonnes d'infanterie, de cavalerie et d'artillerie, s'allongent des colonnes de charrettes sur lesquelles sont entassés le gros bagage, le pain, les farines, le rhum, l'orge et des piles de foin. Une armée autant embarrassée dans ses attirails se traîne plutôt qu'elle ne marche. Au jour du combat, on trouvera les soldats d'Alexandre. Jusque-là, le luxe dont ils sont surchargés rappelle l'armée de Darius.

Rien de plus facile que d'éviter, de harasser, de paralyser des troupes qui ont cette organisation paresseuse. Les privations et les fatigues souvent répétées les dépouilleront de leur moral. Il sera loisible au général qu'elles auront en face de retarder long-temps le moment décisif, et d'attendre, pour recevoir et livrer la bataille, que toutes les probabilités de succès se réunissent en sa faveur. Alors, si la fortune trompait la valeur et le talent, rien ne serait encore perdu. Une armée anglaise abandonnée à ses seuls moyens pourra vaincre, jamais elle ne saura profiter de la victoire; mais s'il arrivait qu'elle fût vaincue à distance de son point de départ, ce ne serait pas seulement un échec qu'elle essuierait, ce serait la plus affreuse des calamités. En écrivant l'Histoire des guerres de la Péninsule, de ces guerres où les Anglais marchaient armés de la haine contre Bonaparte, nous ferons voir à combien peu il a tenu plus d'une fois que l'armée de la Grande-Bretagne n'éprouvât une catastrophe telle que pas un homme n'échappât pour en porter la nouvelle à Londres.

Nous l'avons déjà dit : un tel ordre de choses circonscrit inévitablement le talent du général. Son premier devoir est de ménager la machine confiée toute montée à ses soins, et de ne pas l'user par des mouvemens inutiles ou excentriques. Jamais, à ses yeux, les projets d'opération n'auront plusieurs faces. Un jugement sain, quoique borné, suffira pour le guider dans les moyens d'exécution; il préférera la défense qui s'aide de tout ce qui est prévu, à l'attaque qui, par ses chances indéterminées, appelle plus souvent les ressources du génie. La guerre sera réduite à une série d'actes de vigueur. Amener sur le terrain des troupes fraîches et bien repues, les poster avec avantage, et ensuite attendre son ennemi de sang-froid, voilà pour un général anglais la perfection du genre [1]. Nous les avons vus, au jour de notre désastre, ces enfans d'Albion, formés en bataillons carrés dans la plaine entre le bois d'Hougoumont et le village de Mont-Saint-Jean. Ils avaient, pour arriver à cette formation compacte, doublé et redoublé leurs rangs à plusieurs reprises. La cavalerie qui les appuyait fut taillée en pièces, le feu de leur artillerie fut éteint. Les officiers-généraux et

---

[1] Lord Wellington a suivi à la lettre, dans ses campagnes de la Péninsule, les conseils satiriques que donnait aux généraux en chef l'auteur du charmant ouvrage, *Advice to the officers of the british army.* « Rien n'est aussi recommandable que la générosité envers l'ennemi. Le suivre l'épée dans les reins après la victoire, ce serait tirer avantage de sa détresse. Il vous suffit d'avoir prouvé que vous pouvez le battre quand vous le jugerez convenable.... Vous agirez toujours ouvertement et de bonne foi avec amis et ennemis. Ainsi, vous vous garderez bien de dérober une marche ou de tendre une embuscade. Vous n'attaquerez jamais l'ennemi pendant la nuit. Vous vous souviendrez d'Hector allant com-

d'état-major galopaient d'un carré à l'autre, incertains où ils trouveraient un abri. Chariots, blessés, parcs de réserve, troupes auxiliaires fuyaient à la débandade vers Bruxelles. La mort était devant eux et dans leurs rangs; la honte derrière. En cette terrible occurrence, les boulets de la garde impériale, lancés à brûle-pourpoint, et la cavalerie de France victorieuse ne purent pas entamer l'immobile infanterie britannique. On eût été tenté de croire qu'elle avait pris racine dans la

---

battre Ajax : *Ciel, éclaire-nous, et combats contre nous!* Si l'ennemi se retire, laissez-lui gagner quelques jours d'avance, afin de lui montrer que vous ne doutez pas de le surprendre quand vous l'entreprendrez. Qui sait si un procédé si généreux ne l'engagera pas à s'arrêter? Après qu'il s'est retiré en une place de sûreté, vous pouvez alors vous mettre à sa poursuite avec toute votre armée... N'avancez jamais un officier intelligent; un bon gros compagnon est tout ce qu'il faut pour exécuter vos ordres. Un officier qui a un *iota* de connaissance au-dessus de la routine, vous devez le considérer comme votre ennemi personnel, car vous pouvez être sûr qu'il rit de vous et de vos manœuvres. »

terre, si ses bataillons ne se fussent ébranlés majestueusement quelques minutes après le coucher du soleil, alors que l'arrivée de l'armée prussienne apprit à Wellington que, grâces au nombre, grâces à la force d'inertie, et pour prix d'avoir su ranger de braves gens en bataille, il venait de remporter la victoire la plus décisive de notre âge.

Ah! sans doute, la détermination d'instinct, qui même, lorsqu'elle se méprend, vaut mieux qu'une hésitation savante, la force d'ame qu'aucun danger ne démonte, la ténacité qui fait qu'on emporte la proie pour s'y être acharné le dernier, sont des qualités rares et sublimes; là où elles suffisent pour assurer le triomphe des intérêts nationaux, il y aura justice à accabler d'honneurs le mortel privilégié qui les possède. Mais les penseurs de tous les pays et de tous les siècles ne souscriront pas sur parole à l'exagération d'une gloire si étroite; ils signaleront l'intervalle qui sépare l'homme de métier de l'homme de génie. Quelle similitude en effet peut exister entre le guerrier vulgaire qui, favorisé par la trempe des armes, s'escrime sur des routes battues, et les demi-dieux de l'Iliade qui font trois pas et sont au bout de la carrière? Les grands généraux ont été grands sans accessoires, sans entourage, et ils resteront grands en dépit de l'adversité ; ils n'empruntent pas leur valeur à des institutions qui les ont précédés et qui leur survivront; tout au contraire, ce sont eux qui infusent de hautes pensées dans les esprits de la multitude. Égaux à eux-mêmes dans le déploiement de toutes les puissances de l'esprit humain, aucun genre d'élévation n'échappe à leur immensité; tels parurent avec des destinées différentes, parmi les anciens, Annibal et César, parmi les modernes, Frédéric et Napoléon.

ACTE

POUR PUNIR

LA MUTINERIE ET LA DÉSERTION,

POUR

LA MEILLEURE SOLDE ET LE LOGEMENT DE L'ARMÉE.

ATTENDU que la levée ou l'entretien d'une armée permanente dans les royaumes unis d'Angleterre et d'Irlande en temps de paix, à moins d'un acte du Parlement, est contre la loi ;

Attendu qu'il est jugé nécessaire, par Sa Majesté et le présent Parlement, qu'un corps de forces doit être continué pour la sûreté des royaumes unis, la défense des possessions de la couronne de Sa Majesté et la conservation de la balance en Europe, et que la totalité de cette force doit consister en 125,035 effectifs officiers et soldats, y compris les forces stationnées en France, et aussi 15,585 officiers et soldats proposés pour être licenciés, et 1863 officiers et soldats qui doivent être transférés dans l'établissement des Indes, mais non compris les officiers et soldats appartenant aux régimens maintenant employés sur le territoire de la Compagnie des Indes, ou ayant l'ordre de revenir de-là en Angleterre;

Attendu que pas un homme ne peut être jugé dans sa vie et ses membres, ou soumis en temps de paix à aucune espèce de punition dans le royaume, par la loi martiale, ou d'une autre manière, que par le jugement de ses pairs, et suivant les lois connues et établies de ce royaume;

Cependant, étant nécessaire, pour retenir les forces sus-mentionnées dans le devoir, qu'une exacte discipline y soit observée, et que les soldats qui se mutineraient, ou *stir up sedition*, ou bien déserteraient le service de Sa Majesté, soient soumis à une punition plus exemplaire et plus prompte que celle portée par les formes ordinaires des lois:

Il est décidé en conséquence, par l'excellente majesté du Roi, par et avec l'avis et le consentement des lords spirituels et temporels, des communes assemblées en ce présent Parlement, et par l'autorité des mêmes, que :

1. Tout officier, sous-officier ou soldat qui excitera une mutinerie dans les armées de terre ou de mer; qui, en ayant connaissance, ne la dénoncera pas ; qui abandonnera honteusement une garnison, forteresse, poste, garde confiés à sa charge; qui contraindra le gouvernement à l'abandonner; qui engagera par paroles le gouverneur ou autre à se mal conduire devant l'ennemi; qui quittera son poste avant d'y être relevé; qui s'y endormira; qui aura correspondance, ou qui traitera sans permission avec les rebelles et autres ennemis de Sa Majesté; qui usera de violence contre son supérieur en fonctions; qui désobéira à un commandement légal, *any lawful command*, de son chef; qui désertera : souffrira la mort ou telle autre punition infligée par une Cour martiale.

2. Les sous-officiers et soldats déserteurs, en

s'enrôlant dans un autre régiment, ne seront pas exempts de la peine.

3. Les déserteurs enrôlés dans un autre régiment, et désertant une seconde fois, seront punis pour le premier délit, sauf à admettre en témoignage la seconde désertion comme aggravant la première.

4. Quand la Cour martiale juge qu'il n'y a pas lieu à mort, les déserteurs, au lieu d'être punis corporellement, peuvent être condamnés à la déportation pour la vie ou pour un certain nombre d'années.

5. Dans tous les cas de condamnation à mort par une Cour martiale, pourra Sa Majesté commuer la peine capitale en une déportation à vie ou limitée.

6. Les Cours martiales générales ou régimentaires pourront condamner les déserteurs au service général comme soldats, et Sa Majesté pourra désigner le régiment, le corps, le pays, la place, au-dehors et partout où il plaira au Roi.

7. Les déserteurs qui étaient enrôlés pour service limité, pourront être condamnés à servir un temps plus considérable, ou même toute la vie, et à perdre les supplémens de paie, droits à un congé ou tout autre avantage résultant de la nature ou de la longueur de leurs services.

8. Les déserteurs pourront, outre les autres peines de droit, être condamnés à être marqués au côté gauche, deux pouces *below the armpit,* de la lettre D, incrustée avec encre ou poudre, ou autre préparation, de manière que la marque ne puisse être effacée.

9. Les sentences de déportation ou les commutations en déportation seront notifiées, par le commandant en chef ou l'adjudant-général, à la justice civile qui pourvoira à l'exécution.

10. Le clerc de la couronne du banc du Roi recevra 2 schellings et 6 pences pour notification de chaque acte semblable.

11. Le clerc sera tenu, à la première sommation, de délivrer copie du certificat de la conviction, et de l'ordre du transport.

12. Les sentences de déportation prononcées dans l'Inde seront notifiées par le commandant en chef, à quelque juge d'une des Cours suprêmes, qui donnera des ordres pour la déportation.

13. Les délinquans soumis à la déportation par le pardon conditionnel du Roi, seront sujets aux lois qui concernent les félons qui s'échapperont ou tenteront de s'échapper.

14. Le Roi peut délivrer une commission pour tenir une Cour martiale; il peut aussi donner pouvoir d'en assembler au gouvernement d'Irlande, de Gibraltar, et aux gouverneurs en chef. Ces derniers peuvent autoriser tout officier sous leurs ordres, pas au-dessous du grade d'officier supérieur, à assembler une Cour martiale, pourvu que le délit ait été commis depuis que chacun a pris son commandement.

15. Nul ne peut être jugé deux fois pour le même délit, par Cour martiale, à moins d'appel d'une Cour de régiment à une Cour pé-

nale, et la sentence ne peut être révisée qu'une seule fois.

16. Le présent acte n'exempte pas les officiers et soldats des procédures conformes au cours ordinaire de la loi.

17. Les officiers, sous-officiers et soldats, accusés de crimes capitaux ou de violence contre la personne, ou la propriété, *estate*, de quelques sujets de Sa Majesté, seront remis à la justice civile. Tout officier-commandant qui se refuserait à arrêter ou négligerait d'arrêter le délinquant, sera poursuivable devant les tribunaux de Westminster, d'Écosse ou de Dublin, et sera, après conviction, cassé et déclaré incapable de servir dans les armées de Sa Majesté.

18. Les délinquans acquittés ou convaincus pour crimes capitaux, etc., par le magistrat civil, ne peuvent ensuite être condamnés par une Cour martiale, pour le même délit, qu'à être cassés.

19. Les officiers, sous-officiers et soldats, en jugement devant une Cour martiale, ne reçoi-

vent pas de paie. S'ils sont acquittés, on les rembourse; s'ils sont condamnés, ils perdent tout.

20. Une Cour martiale générale doit être composée de treize ou neuf officiers. Si c'est dans une place au-delà des mers ou dans l'Inde, elle ne peut pas être moindre de sept. En Afrique et dans la Nouvelle-Galles, pas moins de cinq. Le président doit être officier supérieur, ou, au défaut, pas au-dessous de capitaine; le commandant ou gouverneur ne peut pas présider.

21. Les généraux ou autres officiers commandant des détachemens au-dehors, peuvent, dans des cas extraordinaires, et sans en avoir régulièrement le droit, assembler des Cours martiales composées de trois officiers au moins, sauf que la sentence ne pourra être mise à exécution dans l'attache du général du corps dont dépend le détachement.

22. Jamais Cour martiale générale, pour juger un officier, ne peut être composée de moins

de treize membres, sauf les exceptions de l'article 20.

23. Jamais Cour martiale générale pour condamner un sous-officier ou un soldat dans sa vie et dans ses membres, ou à la déportation, ne peut être moindre de treize, sauf les exceptions de l'article 20.

24. Une Cour martiale générale peut punir de la prison solitaire ou d'une punition corporelle, ne l'étendant pas à la vie et aux membres, les sous-officiers et soldats pour immoralité, mauvaise conduite ou négligence du devoir.

25. Les Cours martiales peuvent condamner les sous-officiers et soldats à l'emprisonnement dans une maison de correction ou prison publique. Le geôlier est obligé de les recevoir sur l'ordre du général commandant le district, pour une Cour martiale générale, du commandant du corps, pour une Cour martiale de régiment; le geôlier refusant sera à l'amende de 100 livres.

26. Les officiers et soldats condamnés à l'em-

prisonnement par une Cour martiale générale ou autre, perdent par confiscation leur paie; le geôlier reçoit pour l'entretien 9 pences par jour, en outre de la subsistance du prisonnier.

27. Les Cours martiales peuvent et doivent exiger le serment des témoins.

28. En tout jugement de Cour martiale générale, les juges, avant de commencer, prêtent, devant le juge-avocat ou son député, un serment de la teneur suivante :

« Je jure que j'administrerai duement la justice, suivant les règles et les articles pour le meilleur gouvernement des forces de Sa Majesté, et suivant un acte du Parlement maintenant en vigueur pour la punition de la mutinerie et de la désertion, et d'autres crimes qui y sont mentionnés, sans partialité, faveur ou affection; et si quelque doute s'élève qui ne s'explique pas par lesdits articles ou par ledit acte du Parlement, suivant ma conscience, le meilleur de mon entendement et la coutume de la guerre en pareil cas. Je jure que je ne divulguerai pas la sentence de la Cour, jusqu'à ce qu'elle ait reçu l'approbation de Sa Majesté, ou de toute autre personne duement autorisée par elle ; que jamais, sous aucun prétexte et dans quelque temps que ce soit, je ne découvrirai ou le vote ou l'opinion d'un membre de la Cour martiale, à moins que je ne sois requis de le faire en justice comme témoin, par un tribunal ou une autre Cour martiale, dans la due forme de la loi. Que Dieu m'ait en garde. »

Le juge-avocat, ou la personne qui en fait l'office, jurera ensuite, dans les mains du président de la Cour martiale, de ne pas divulguer les votes, sauf devant une autre Cour martiale ou de justice.

Une sentence de mort ne peut être portée par une Cour martiale générale de treize membres, à moins de neuf voix.

Dans les Cours martiales plus nombreuses

que treize, ou moindres que neuf, il faudra au moins les deux tiers des voix.

Excepté dans les cas qui exigent le châtiment sur-le-champ, aucune sentence ne peut être portée qu'entre huit heures du matin et trois heures après-midi.

Les témoins appelés aux Cours martiales par l'avocat ou son député, jouissent des mêmes privilèges que les témoins appelés aux autres Cours de justice.

Les témoins qui ne se rendent pas à l'appel, peuvent être poursuivis en justice du banc du Roi, assises, etc., comme par la justice civile.

29. Dans les Cours martiales, autres que les Cours générales, les membres prêteront le serment suivant sur les saints Évangiles :

« Je.... jure.... la coutume de la guerre en pareil cas. »

Le président de telle Cour martiale, non au-dessous du rang de capitaine, sera nommé par l'officier commandant le régiment, le détachement ou la brigade, ou par le gouverneur ou commandant de la garnison, fort, château ou caserne, qui aura ordonné la convocation.

30. En cas de nécessité, les officiers de terre et de mer pourront être réunis pour composer une Cour martiale.

31. Les officiers du service de Sa Majesté, et ceux de la Compagnie des Indes, peuvent être réunis pour composer une Cour martiale. Si c'est pour juger un officier ou un soldat des troupes de terre de Sa Majesté, on suivra les règles indiquées dans le présent acte; si c'est pour juger un officier ou un soldat des troupes de la Compagnie des Indes, on se conformera aux dispositions de l'acte fait dans la vingt-septième année du règne de Sa Majesté défunte, le roi George II, intitulé : *An act for punishing mutiny and desertion of officers and soldiers in the service of the United Company of merchants of England trading to the East-Indies, and for the punishment of offen-*

ces committed in the East-Indies, or at the island of Saint-Helena.

32. Les personnes jugées par une Cour martiale générale auront le droit d'exiger copie de la procédure et du jugement, pas plus tôt que trois mois après la sentence, qu'elle ait été approuvée ou non. Le délai est plus long à Gibraltar et au-delà des mers.

33. Le juge-avocat général, ou son député, transmettront avec soin et exactitude les sentences et procédures au juge-avocat général, résidant à Londres, où, si c'est pour l'Irlande, à Dublin, afin que les pièces puissent toujours être produites à ces offices, pour en fournir des copies, suivant les dispositions du présent acte.

34. L'enregistrement et la copie des jugemens et procédures ne sont pas sujets au timbre.

35. Sa Majesté est autorisée à former, faire et établir des articles de guerre, pour le meilleur gouvernement des forces de Sa Majesté,

lesquels seront judiciairement consultés par les juges, et dans toutes les Cours de justice.

36. Pour la meilleure notification des articles de guerre, le secrétaire de la guerre devra les envoyer, signés de sa main et de son nom, aux Cours suprêmes de Westminster, Dublin et Édimbourg, et aux gouverneurs des colonies, plantations et territoires de Sa Majesté, au dehors.

37. Sa Majesté peut assembler et autoriser d'autres assemblées des Cours martiales pour juger les délinquans contre lesdits articles de guerre dans tous les pays de sa domination.

38. Nul ne peut être, en vertu des articles de guerre, condamné à mort ou au fouet, dans le royaume uni ou les îles qui en dépendent, que dans les cas où cette peine est infligeable, d'après les dispositions du présent acte.

39. Un délinquant au-delà des mers, renvoyé dans le royaume uni ou dans les îles dé-

pendantes, avant d'avoir été jugé par une Cour martiale pour son délit, ne peut plus l'être que comme si le délit avait été commis sur les lieux où le jugement doit avoir lieu.

40. Pour la discipline et l'économie publique, il doit y avoir des revues au moins deux fois par an, et toutes les fois qu'il le sera ordonné.

41. Aucune revue ne peut être passée par un commissaire, dans la cité de Westminster, dans le bourg de Southwark et les franchises qui en dépendent, qu'en présence de deux juges de paix ou plus, qui ne soient pas officiers de l'armée, sous peine de 50 livres d'amende, sauf le cas où six juges de paix, prévenus quarante-huit heures d'avance, auraient négligé de s'y rendre ; et alors le commissaire pourra procéder à la revue, pourvu que, dans les quarante-huit heures après, il prête serment, devant un juge de paix, que la notification a été faite aux six juges de paix ; et le dernier juge de paix, après avoir reçu le serment, pourra signer la revue, après avoir,

au préalable, fait la reconnaissance et examiné la vérité.

42. Les feuilles de revues et listes de paiemens seront déclarées par serment, et le juge de paix ou autre magistrat recevra le serment, et certifiera sans frais.

43. Les personnes qui donneraient ou procureraient de faux certificats pour dispenser les soldats de paraître à la revue, sous prétexte qu'ils sont employés à d'autres services du régiment, malades ou en congé, seront, pour chaque délit, condamnés à l'amende de 50 livres, et, en outre, cassés, renvoyés, et déclarés incapables de servir dans les armées de Sa Majesté.

44. Les officiers qui feront de fausses revues d'hommes ou de chevaux, les commissaires, maîtres des revues ou autres officiers qui, sciemment ou volontairement, signeront le rôle où pareil acte sera contenu, ou bien le duplicata; tous ceux qui, directement ou indirectement, recevront de l'argent ou des

présens pour faire ou signer une fausse revue, seront cassés, renvoyés, et déclarés incapables de servir dans les armées de Sa Majesté.

45. Tout officier ou commissaire qui portera quelqu'un dans la revue sous un faux nom, sera passible des mêmes peines que ceux qui font de fausses revues.

46. Toute personne qui passe une revue sous un faux nom est passible de dix jours de prison.

Le cheval que toute personne présente en faux à la revue lui sera confisqué, si le cheval lui appartient, et, dans le cas contraire, elle sera condamnée à une amende de 20 livres, payable sur la vente de ses effets, et, en cas d'insuffisance, retenue en prison pendant trois mois.

Les peines sus-mentionnées seront infligées par le juge de paix; l'amende donnée au dénonciateur. Le dénonciateur, s'il appartient à l'armée, aura droit à avoir son congé.

47. Les revues passées à dix milles de Londres

doivent, dans le délai de vingt-quatre heures, être closes par le député-commissaire, et envoyées, par le même, dans le délai de sept jours, à l'office du commissaire-général des revues, qui doit en envoyer une expédition au secrétaire de la guerre, une au payeur-général des forces de terre de Sa Majesté, une aux contrôleurs des comptes de l'armée, et cela avant le 1ᵉʳ mai ou le 29 septembre qui suivront chaque revue bisannuelle : ces feuilles de revue ne pourront être altérées dans leur teneur, sauf en cas d'ordres de congé, ou dates de commission, ou d'erreurs involontaires en transcrivant, sous peine de perdre leurs emplois et d'être mis à l'amende de 20 livres.

48. Attendu que, par la pétition des droits (*petition of right*), dans la troisième année du roi Charles Iᵉʳ, il a été déclaré que le peuple du pays ne peut pas être légalement chargé de loger les soldats contre sa volonté ; attendu que, par une clause d'un acte du Parlement

britannique, fait dans la trente-unième année du règne du roi Charles II, pour accorder à Sa Majesté une provision de 266,462 livres 17 schellings et 3 pences, pour payer et débander les forces, il a été déclaré qu'aucun officier civil ou militaire, ou quelque personne que ce soit, ne pourrait, à l'avenir, placer, mettre en quartier, ou donner des billets, à un ou plusieurs soldats, sur un sujet ou habitant de ce royaume, quels que soient son rang, sa qualité et sa profession, sans son consentement, et qu'il sera légal pour le sujet, logeur ou habitant, de refuser de recevoir un ou plusieurs soldats, nonobstant toute demande, *warrant* ou billet: mais comme dans ce temps, et pendant la durée du présent acte, il y a et aura occasion de faire marcher et loger des régimens et compagnies à pied et à cheval dans les différentes parties du royaume uni de la Grande-Bretagne et d'Irlande, il est déclaré que, pour et durant la durée du présent acte, et pas plus long-temps, les constables, dizeniers, chefs de bourgs, et autres magistrats, ou chefs, officiers des cités, villes et villages d'Angleterre, Galles et ville de Berwick sur la Tweed, et, à leur défaut, les juges de paix, et non pas d'autres, logeront les officiers, soldats et autres recevant la paie dans l'armée, dans les auberges, maisons où l'on vend à boire et à manger. Les billets seront faits, par le magistrat civil, pour le nombre d'hommes présens. Si un magistrat logeait dans une maison particulière, contre le gré du propriétaire, celui-ci aurait recours contre le magistrat, pour le dommage qui en serait résulté. Si un officier militaire se permet de loger autrement que de cette manière, ou s'il menace ou effraie le magistrat, il sera, sur la déclaration sur serment de deux témoins croyables, devant deux ou plusieurs juges de paix, cassé et déclaré incapable de servir dans les armées de Sa Majesté, pourvu que ladite conviction soit affirmée aux prochaines assises de paix du comté, et le certificat transmis au juge-avocat à Londres, qui est obligé de le certifier au commandant en chef. En cas de réclamation des logeurs, le juge de paix, si la réclamation est contre le constable ou magistrat, ou deux ou plusieurs autres juges de paix si c'est contre un juge de paix, pourront faire droit.

49. Attendu que, par un acte passé dans la sixième année de la reine Anne, les militaires ne doivent être logés, en Irlande, qu'en marche dans le cas de troubles, ou en attendant le départ dans un port de mer; attendu qu'il n'y a pas, en Irlande, assez de casernes ni en assez d'endroits, il existera les mêmes répétitions que pour la Grande-Bretagne, sauf qu'on ne mettra jamais moins de deux soldats ensemble dans la même maison, et que le constable, chef, officier ou magistrat qui logerait chez un particulier, contre son gré, des soldats, sera emprisonné pendant un mois.

50. Les troupes en marche ne peuvent pas être envoyées par billet à plus d'un mille de l'endroit indiqué par la feuille de route.

51. La distance d'un mille doit être comptée, quoique ce soit sur une autre paroisse ou comté, et les magistrats des paroisses adjacentes prennent part.

52. Deux juges de paix ou deux magistrats peuvent donner licence pour tenir cantine.

53. Le lord-lieutenant ou tout autre gouverneur d'Irlande peut autoriser à signer les feuilles de route.

54. Aucun juge exécutant un office ne peut se mêler de loger les soldats.

55. Les ordres pour loger les gardes à pied dans Westminster et Southwarck et les parties adjacentes des comtés de Middlesex et Surrey, sauf la cité de Londres, doivent émaner du *high-constable* qui donne ses ordres aux petits constables, dizeniers, etc.

56. Les constables, dizeniers, *tithing-men*, *head-boroughs* et autres magistrats de Westminster, etc., doivent produire à chaque session de paix, sous serment, la liste des maisons sujettes à logement dans leur pa-

roisse ou hameau, avec la capacité, le nombre d'hommes qui peuvent y être logés. Ces listes, déposées dans les mains du clerc de la justice de paix, peuvent être consultées sans frais. Des expéditions en seront délivrées moyennant 2 pences par feuille contenant cent cinquante mots. A défaut de fournir cette liste, le magistrat sera mis à l'amende de 5 livres pour les pauvres.

57. Les hommes et les chevaux au service et de bagage seront logés, les hommes nourris et fournis de petite bière, les chevaux nourris en foin et paille, aux taux fixés par les actes du Parlement en vigueur.

58. Les personnes qui n'ayant pas d'écuries reçoivent des cavaliers à loger, pourront indiquer à l'autorité les écuries d'autres personnes chargées de loger, et obtenir d'y transférer les hommes et leurs chevaux ou leurs chevaux seulement, à la charge, de la part du réclamant, de transporter au logeur effectif l'allouance de paiement.

59. Les cavaliers doivent être logés avec leurs chevaux. En cas d'impossibilité, il y aura toujours au moins un homme logé avec deux chevaux, ou deux hommes avec quatre chevaux.

60. Les chefs militaires peuvent changer de place les hommes et les chevaux logés, pourvu que le même nombre reste dans chaque logement.

61. Tout officier qui recevra ou permettra qu'on reçoive de l'argent pour dispenser de loger, sera cassé et déclaré incapable de servir dans les armées de Sa Majesté.

62. Tout constable ou magistrat qui négligera ou refusera de loger, étant prévenu à temps de l'arrivée des troupes; tout constable ou magistrat qui dispensera un logeur pour de l'argent; tout cabaretier qui refusera de loger et de fournir ce qu'il doit par acte du Parlement pour les hommes et pour les chevaux, seront, par leur propre confession ou sur le serment d'un ou de plusieurs témoins croyables devant un ou plusieurs juges de paix, con-

damnés pour chaque offense à une amende de 5 livres au plus et de 40 schellings au moins, applicables d'abord à dédommager le soldat qui a souffert de l'offense, et ensuite au soulagement des pauvres de la paroisse.

63. Les juges de paix peuvent ordonner aux constables et magistrats de remettre un état de situation des troupes logées et la répartition du logement dans les auberges, afin de mieux aviser à réprimer les abus.

64. Il est permis aux juges de paix, sur la réquisition de l'officier ou sous-officier commandant, d'allonger la feuille de route et d'étendre le quartier dans l'intérêt des troupes.

65. Les officiers et soldats doivent payer les logeurs pour la nourriture et la petite bière au taux de l'acte du Parlement en vigueur.

66. Dans le cas où le logeur désirerait fournir gratis aux sous-officiers et soldats la chandelle, le vinaigre, le sel et les ustensiles de cuisine, il en donnera avis à l'officier-commandant, et alors les sous-officiers et sol-

dats pourvoiront à leurs alimens et à la petite bière, et recevront l'allouance de l'officier-commandant.

En marche, les employés au recrutement et les recrues, dans les sept jours de la levée, doivent être nourris exclusivement par les soins des logeurs.

67. A partir du 24 mars 1817, les officiers-comptables seront tenus de solder les comptes des logeurs de quatre en quatre jours ou plus tôt si la troupe demeure moins de quatre jours, et, à défaut, il sera donné ordre aux agens du corps de satisfaire au compte des officiers-comptables en retard.

68. Les logeurs n'étant pas soldés avant le départ de la troupe, l'officier-commandant doit remettre les comptes arrêtés pour être envoyés de suite à l'agent du corps, et le paiement effectué à la diligence de ce dernier et à la charge de l'officier-comptable.

69. Les femmes, enfans, domestiques mâles ou femelles, n'ont pas droit au logement. Ceux

qui contraindraient à loger sans le consentement du propriétaire, seront, s'ils sont officiers de l'armée, cassés par jugement de Cour martiale générale; s'ils sont officiers civils, ils seront condamnés, par la justice de paix la plus voisine, à payer vingt schellings à la partie lésée.

70. Un juge de paix du comté, ville ou lieu d'Angleterre où est logé un sous-officier ou soldat, ayant femme ou enfant, peut exiger le serment de leur établissement légal. Il doit en délivrer la déclaration pour être produite ensuite devant qui de droit, sans qu'il soit besoin de renouveler le serment.

71. Sur un ordre de Sa Majesté, du général de ses forces, du maître ou lieutenant-général de son ordonnance, pour l'Angleterre, l'Irlande et Galles, et du lord-lieutenant ou gouverneur pour l'Irlande, il est enjoint aux juges de paix de faire fournir, pour le transport des armes, habillement, équipement, les voitures, chevaux et conducteurs voulus par le

réglement, en distribuant la charge entre les propriétaires, prévenus d'avance, spécifiant la destination et la route qui ne doit jamais excéder vingt-quatre milles, à la charge, par l'officier muni du *warrant* du juge de paix, de payer dans les mains du grand ou petit constable, ou autre magistrat, les sommes légales au profit des propriétaires mis en réquisition.

L'officier militaire ou autre qui forcerait les chariots à aller au-delà des distances spécifiées dans l'ordre, qui permettrait à des soldats ou domestiques autres que les malades, ou à des femmes, de monter sur les voitures, ou qui, par menace ou autrement, voudrait contraindre les magistrats à lui faire fournir, ou les propriétaires à lui fournir pour son usage, ses domestiques ou ses soldats, des chevaux de selle, sera condamné à une amende de 5 livres, sur la preuve admise par serment devant deux juges de paix.

72. Les transports seront payés en Angleterre et Galles au taux de 1 schelling par mille,

pour les chariots attelés de quatre chevaux et plus.

Idem, pour les chariots attelés de six bœufs ou de quatre chevaux et deux bœufs.

9 par mille, pour les chariots à roues basses, et pour les chariots à quatre chevaux, qui ne portent pas moins de quinze cents.

6 par mille, pour les charrettes ou autres voitures à moins de quatre chevaux, et portant moins de quinze cents.

Il pourra être ajouté une rétribution limitée par les juges de paix, dans les ressorts du comté et du district, eu égard au prix du foin et de l'avoine, et pourvu que copie de la délibération soit envoyée au secrétariat de la guerre.

73. Là où il n'y aura pas de juge de paix, le constable, dizenier, *head-borough*, pourra pourvoir directement à la fourniture des chariots.

Des listes seront dressées des chariots, chevaux de la paroisse, susceptibles d'être requis;

le service sera commandé par tous, et les intéressés pourront consulter les listes à toute heure.

74. En Irlande, on paiera par mille un pence et un sixième de pence, pour chaque quintal pesant chargé sur la voiture.

75. En cas d'urgence, le secrétaire de la guerre en Angleterre et le lord-lieutenant ou souverain en Irlande, par ordre de Sa Majesté, peuvent autoriser un général, officier supérieur, le commissaire général *of stores and provisions*, à requérir les justices de rendre des *warrants* pour procurer à louage des chevaux de selle choisis, des voitures à quatre roues, et même des bateaux attelés sur les canaux et rivières navigables. Les officiers seront tenus à payer ce qu'ils emploient suivant l'estimation des justices, basée sur le taux ordinaire, et, dans ce cas, seront autorisés à transporter avec femmes, enfans, bagages particuliers, etc.

76. Une voiture ainsi fournie ne peut pas être tenue à porter plus de trente quintaux.

77. En Irlande, le propriétaire peut exiger qu'on pèse, pourvu qu'il y ait temps pour cela, sans que le service de Sa Majesté en souffre. L'officier qui, par lui ou ses domestiques, exigerait une charge plus forte que le réglement, paiera l'amende de 20 schellings au profit de la partie lésée.

78. En Irlande, la voiture n'est pas tenue à plus de six quintaux. Si le propriétaire consent à plus, on lui paiera un pence et un sixième par mille et par quintal au-dessus de six.

79. Le lord-maire de Dublin doit être prévenu vingt-quatre heures au moins avant la marche des troupes, pour fournir les chariots. Il n'a pas droit d'employer à ce service, sans le consentement des propriétaires, les voitures qui viennent au marché.

80. Le nombre des chariots à fournir aux troupes en Irlande sera réglé de temps à autre par le lord-lieutenant ou gouverneur.

81. Les grands et petits constables qui refuseront ou négligeront de fournir les voitures et

chevaux, bateaux, etc., voulus par l'article 75, ou qui demanderont pour l'usage des propriétaires plus que le tarif, ainsi que toute personne qui mettra des obstacles à l'exécution, seront condamnés par la justice de paix à une amende de 5 livres au plus, et 40 schellings au moins, au profit des pauvres.

82. Le constable recevant le prix d'avance, devra le remettre au propriétaire, avant que la voiture se mette en marche.

83. Les officiers et soldats, les chevaux et voitures appartenant à Sa Majesté, ou employés à son service, sont exempts de droits de péage, à moins d'une exception spéciale, stipulée dans l'acte particulier par lequel le péage est établi

Les bâtimens employés à transporter les officiers, soldats, femmes, enfans, bagages, sur les canaux et rivières navigables, sont sujets au péage.

84. Attendu que les sommes payées pour indemniser les propriétaires de ces transports extraordinaires sont souvent insuffisantes, le tré-

sorier du comté pourra remettre au constable, pour acquitter ce service, une somme plus considérable qui sera réglée par les justices de paix en session du quartier, eu égard à la saison et aux chemins.

85. Dans le cas où les fonds publics du comté, après avoir acquitté les dépenses pour lesquelles ils sont institués, ne pourraient faire face à celle-là, il y sera pourvu par un impôt que les juges de paix lèveront, comme ils en lèvent actuellement pour les dépenses des prisons de comté et des ponts.

86. Les officiers et soldats seront logés en Écosse dans les mêmes lieux et maisons où ils l'étaient avant l'Union. Les propriétaires ne devront fournir que ce qu'ils étaient obligés de fournir avant l'Union. Aucun officier régulièrement billetté ne paiera pour son logement, excepté dans les faubourgs d'Édimbourg.

87. Les chariots doivent être fournis en Écosse aux troupes en garnison ou en marche, comme par les lois en force en Écosse avant l'Union.

88. En Ecosse, quand il y a un bac à passer, l'officier commandant peut y prendre passage pour lui et ses hommes, ou le louer tout entier. Dans les deux cas, il paie moitié par tête ou pour le tout des autres passagers. S'il n'y a pas de bac régulier, il doit contracter avec un propriétaire de bateau aux mêmes conditions que les autres citoyens.

89. A partir du 24 mars 1817, tout militaire qui, sans permission écrite du maître du manoir, prendra, tuera, détruira lièvres, lapins, faisans, perdrix, pigeons, ou autre espèce d'oiseau, volaille, poisson, ou le gibier de Sa Majesté dans les trois royaumes, et qui, sur la plainte, sera convaincu, par déposition d'un ou plusieurs témoins croyables, devant la justice de paix, paiera, s'il est officier, l'amende de 5 livres, au profit des pauvres; s'il est soldat, l'officier-commandant paiera pour lui la somme de 20 schellings.

Si l'officier, après conviction signifiée, refuse ou néglige de payer dans le délai de deux jours, il sera cassé, et sa commission déclarée nulle et vacante.

90. Toute personne qui aura reçu l'argent d'enrôlement d'un officier, sous-officier ou soldat appartenant au *recruiting service*, est considérée comme soldat, pourvu qu'elle ait joui du bénéfice alloué à ceux qui ont contracté un engagement à la hâte.

91. Le serment prêté à Sa Majesté, en entrant au service, est obligatoire envers les héritiers et successeurs.

92. A partir du 24 mars 1817, tout homme enrôlé qui, dans le délai de quatre jours, mais pas avant vingt-quatre heures, se sera présenté avec les hommes employés au recrutement, devant la justice de paix, ou le magistrat de ville ou corporation le plus voisin, pourra déclarer qu'il ne veut pas s'enrôler. Alors rendant l'argent d'engagement, restituant le prix alloué par la loi, pour la nourriture et la petite bière, qu'il a reçu, payant, en outre, vingt schellings pour les frais, il sera dégagé. Faute

de faire cette déclaration ou cette restitution, le magistrat lui lira ou fera lire, en sa présence, le troisième et le quatrième article de la seconde section, et le premier article de la sixième section des *articles of war*, et lui fera non-seulement prêter le serment de fidélité, mais encore un serment par lequel il déclare qu'il n'appartient ni à la milice, ni à un autre régiment, ni à la marine, ni aux troupes de la marine, et qu'il veut servir Sa Majesté, ses héritiers ou successeurs, toute la vie, ou bien pendant sept ans dans l'infanterie, dix ans dans la cavalerie, douze ans dans l'artillerie. S'il veut servir dans les troupes de la Compagnie des Indes, c'est l'objet d'une condition spéciale stipulée dans le serment. Le magistrat délivre certificat de l'enrôlement.

Si l'enrôlé refusait le serment de fidélité, permis à l'officier de qui il a reçu l'argent de le retenir en prison jusqu'à ce qu'il le prête.

L'officier qui agirait contrairement serait

passible des peines et amendes infligées pour fausses revues, et de la même manière.

Le sous-officier ou soldat qui fera un recrue, prendra par écrit son nom de baptême et de famille et son pays, et l'enverra au commandant du *recruiting party*.

Le juge de paix déchargera le recrue qui se présentera en temps utile, et remboursera, même quand il viendrait sans l'accompagnement du recruteur, si le recrue prouve ou que le détachement est parti, ou qu'il n'a pu déterminer personne à l'accompagner.

Si des recrues, après avoir reçu l'argent, se cachent ou s'absentent, l'officier ou sous-officier commandant le *recruiting party* produira au magistrat l'attestation du fait, et le magistrat, après s'en être assuré, la transmettra au secrétaire d'État, si c'est en Angleterre, ou au secrétaire ou sous-secrétaire d'Irlande, si c'est en Irlande, afin qu'elle puisse servir ensuite comme preuve en justice, si on reprend l'homme et qu'on le juge pour désertion.

93. Les hommes ayant reçu l'argent d'enrôlement d'un recruteur, le connaissant pour tel, qui se cacheront ou refuseront d'aller devant le magistrat dans le délai légal, seront considérés comme bien et duement soldats, et susceptibles d'être pris et punis comme déserteurs.

94. Les recrues déchargés par les juges de paix et magistrats, plus tôt que l'expiration des vingt-quatre heures après leur enrôlement, avant le 25 mars 1817, ne seront pas considérés comme déserteurs.

95. Les hommes qui, en s'engageant, ont caché quelque infirmité qui les rend incapables du service actif, peuvent être transférés dans les vétérans, dans les bataillons désarmés ou invalides, et dans les troupes de la marine.

96. Les personnes qui diront faux dans la formule de l'engagement, afin d'obtenir de l'argent, seront considérées comme coupables d'extorsion, et punies conformément aux dis-

positions d'un acte passé dans la trentième année du règne de George II.

97. Les délinquans aux deux précédens articles, convaincus par serment devant deux juges de paix, ou autres magistrats, pourront être considérés comme coquins et vagabonds, et traités en conséquence des actes du Parlement en vigueur, sur les coquins, vagabonds et incorrigibles.

98. Le service des enrôlés compte à partir du premier jour du trimestre de l'enrôlement: 25 mars, 25 juin, 25 septembre, 25 décembre.

La solde, du jour de l'enrôlement.

99. Toute personne s'immisçant dans le recrutement de la ligne, de la milice, ou des troupes de la Compagnie, sans pouvoirs, ou fournissant des substituts, sera mise à l'amende de 20 livres, sur conviction devant le magistrat, moitié au profit du dénonciateur, moitié au profit des pauvres.

100. Tout apprenti qui s'enrôle, et déclare

au magistrat qu'il n'est pas apprenti, est, sur conviction, passible de la détention dans une prison ou maison de correction, et des travaux forcés pendant deux ans; peut être puni pour extorquer l'argent, conformément à l'acte de George II (cité ci-dessus); doit, à l'expiration de son apprentissage, servir dans un régiment de troupes de ligne, et, s'il ne se présente pas alors, est susceptible d'être poursuivi comme déserteur.

101. Les maîtres, en Angleterre, n'ont droit à réclamer leur apprenti enrôlé, que lorsque, n'ayant pas au-dessus de quatorze ans, il s'est engagé à eux pour sept ans; et en Irlande et dans l'île de Jersey, que lorsque n'ayant pas au-dessus de seize ans, il s'est engagé pour cinq.

Les maîtres réclamant doivent faire déclaration dans le mois de l'absence ou de la disparition de l'apprenti, devant le juge de paix ou magistrat qui en donne acte.

102. En Ecosse, le maître ne réclame l'apprenti que s'il est engagé envers lui pour au

moins quatre ans, s'il a au-dessous de vingt-un ans au moment de la réclamation, et si la réclamation est faite dans le mois.

103. En Écosse, les maîtres sont autorisés à réclamer l'apprenti, en produisant l'acte d'apprentissage, pourvu que cet acte ait déjà été enregistré en justice, ou qu'il le soit dans les trois mois de la promulgation du présent acte.

104. Le maître d'un apprenti enrôlé, renonçant à son droit de réclamation, recevra pour lui la portion de l'argent d'engagement que n'a pas encore reçue le recrue, déduction faite de deux guinées réservées pour fournir le recrue de ce qui lui est nécessaire.

105. Les apprentis réclamés par l'intermédiaire de la justice, doivent être remis par l'officier-commandant à la prison commune, pour être jugés suivant la loi ou rendus à leurs maîtres.

106. Les juges de paix examineront sur serment, prendront en garde le contrat d'appren-

tissage pour le soumettre à la session de trimestre, où le fait sera jugé, hormis en Écosse.

107. L'affaire sera jugée à la session de trimestre du comté, division, franchise, ville, etc., où le délit a été commis.

108. En Écosse, le délinquant sera jugé par le juge ordinaire de la même manière que l'est toute autre personne pour délit qui n'emporte pas la peine capitale.

109. Le geôlier, instruit qu'un prisonnier confié à sa garde doit servir à l'expiration de sa peine, doit en donner avis avant le jour au secrétaire d'État, si c'est dans la Grande-Bretagne; au secrétaire ou sous-secrétaire, si c'est en Irlande.

110. Pas d'autre qu'un apprenti ne peut être enlevé du service de Sa Majesté par *warrant* des magistrats, sous le prétexte d'un engagement avec un maître ou autre employeur.

111. Un domestique qui s'engage avant le terme de son service particulier, peut réclamer ses gages pour le temps expiré, et le magistrat

fera les démarches nécessaires pour lui en procurer le paiement dans le délai de quatre jours après la déclaration.

112. Quand un corps quitte une station au-delà des mers pour revenir dans la Grande-Bretagne ou en Irlande, il est permis aux soldats de prendre parti dans les régimens ou compagnies qui restent dans la station.

113. Des personnes autorisées par Sa Majesté, en conséquence d'un *warrant* du secrétaire de la guerre, qui ne sont pas officiers-généraux, ou qui n'ont pas une condition régimentaire, peuvent, hors de la Grande-Bretagne et de l'Irlande, engager et réengager les soldats, et remplir là toutes les fonctions attribuées par le présent acte aux justices de paix dans l'intérieur.

114. Le soldat qui a son congé doit, à l'expiration du service, être ramené libre de toute dépense en Angleterre, en Écosse ou en Irlande, et recevoir, depuis le débarquement jusqu'à la paroisse où il s'est enrôlé originai-

rement, l'argent de route sur le pied de dix milles par jour de marche.

115. Un constable, dizenier, *head-borough*, ou un officier ou soldat au service de Sa Majesté, peut arrêter un homme raisonnablement soupçonné d'être déserteur, et le conduire devant le premier juge de paix. Celui-ci, sur déposition ou par conviction, envoie l'homme en prison. Le geôlier reçoit sur le *warrant* du juge de paix, et dans le transport de l'homme, chaque geôlier reçoit sur le *warrant* du premier juge de paix qui a lancé le premier décret de prise de corps, ou sur l'ordre du secrétaire de la guerre ou du secrétaire d'Irlande.

116. La somme de 20 schel. est accordée, sur un orde du juge de paix au collecteur des revenus, à celui qui arrête un déserteur.

117. Tout homme qui s'avoue déserteur est susceptible de servir, dans quelque régiment que ce soit, à la disposition de Sa Majesté.

118. Un officier ne doit jamais forcer une

maison pour chercher des déserteurs, sans un *warrant* du juge de paix. Tout officier qui, sans un *warrant*, forcera une maison ou dépendance, sous prétexte de chercher des déserteurs, sera mis à l'amende de 20 livres.

119. Les commandans de recrutement, officiers du rang de capitaine et au-dessus, adjudans de milices régulières, et, à leur défaut, les juges de paix sont autorisés à accorder des prolongations de congé aux sous-officiers et soldats malades et prouvant la maladie.

120. Les sous-officiers et soldats, dans ce cas, ne peuvent pas être pris ou considérés comme déserteurs, à moins qu'il ne soit prouvé qu'ils ont fait un faux rapport.

Les officiers et juges de paix sus-mentionnés ne peuvent pas accorder de prolongation de plus d'un mois, sans l'approbation du général commandant le district, ou de l'officier commandant le corps ou le dépôt auquel le sous-officier ou le soldat appartient.

121. La subsistance des hommes en congé est

réglée d'après les ordonnances de Sa Majesté.

122. Afin que, par des arrestations injustes ou violentes, Sa Majesté et le public ne soient pas privés des services des soldats, il est décidé que les hommes enrôlés volontairement ne pourront être distraits du service de Sa Majesté par quelque procès ou exécution que ce soit, excepté en matière criminelle ou pour une dette réelle de la valeur primitive de 20 livres et au-dessus.

123. Pour ne pas frustrer les droits des créanciers, il est décidé que ceux-ci pourront poursuivre et obtenir tout jugement, excepté ceux exécutoires contre ou sur les corps des débiteurs.

124. Le soldat arrêté pour dette ne reçoit pas sa paie.

125. Le soldat prisonnier de guerre n'a pas droit à la paie.

A son retour de prison, sur une enquête faite devant une Cour martiale et avec preuve de bonne conduite, il peut recevoir en gratification partie ou totalité de sa paie arriérée.

126. Les commissaires rentrant de l'étranger et rendant leur compte doivent jurer, devant un juge de paix, si c'est dans les trois royaumes, ou devant l'autorité militaire, si c'est ailleurs, qu'ils n'ont rien distrait pour eux ou pour d'autres des sommes et matières confiées à leur garde.

127. Tout payeur, officier commissionné des troupes de Sa Majesté, garde-magasin, commissaire, député ou assistant commissaire, ou toute autre personne employée dans le commissariat, ou chargée à quelque titre que ce soit du soin ou de la distribution de l'argent, vivres, fourrages, provisions, appartenant aux forces de Sa Majesté ou destinés à leur masse, qui les aura dissipés ou employés frauduleusement, sera justiciable d'une Cour martiale générale et passible de la déportation à vie ou pour un certain nombre d'années, de l'amende, de l'emprisonnement, de la destitution, et d'être déclaré incapable de remplir

aucun emploi civil ou militaire au service de Sa Majesté, suivant la nature et le degré de l'offense, et en outre il remboursera à ses propres dépens, et suivant l'estimation qui en sera faite par la Cour martiale, les pertes et dommages que le public aura éprouvés par suite de ses dissipations et fraudes.

128. Tout sous-officier convaincu, devant une Cour martiale générale ou régimentaire, d'avoir détourné à son profit l'argent à lui confié pour payer les hommes sous ses ordres ou pour le recrutement, sera remis dans l'état de simple soldat, sa paie retenue jusqu'à paiement des sommes détournées, et pourra recevoir une punition corporelle ne s'étendant pas à la vie et aux membres.

129. Tout payeur-général, payeur de l'armée, payeur de la marine, secrétaire de la guerre, commissaire, maître des revues, payeur d'un corps ou d'un district, ou tous autres officiers ou leurs subordonnés, qui se permettront de faire sur la paie des officiers et soldats

au service de Sa Majesté, ou de leurs agens, quelques retenues autres que celles réglées par les ordonnances de Sa Majesté, ou qui pourraient l'être à l'avenir sous l'autorité d'un acte du Parlement, ou par des ordres signés de la propre main de Sa Majesté, seront destitués.

130. Le lord grand-trésorier ou les commissaires de la trésorerie peuvent, à la fin de chaque semestre, faire les fonds pour l'habillement de l'armée ; le payeur-général, immédiatement après en avoir accusé réception au secrétaire de la guerre, en opérera le versement dans les mains de la personne ou des personnes désignées par le colonel ou commandant.

131. Tout payeur, agent, secrétaire qui retiendra pendant un mois après l'avoir reçue la paie de l'officier ou du soldat ; tout officier qui ayant reçu cette paie refusera de la remettre aux sous-officiers et soldats, sera pour ce fait, devant une Cour martiale, destitué et paiera l'amende de 100 livres au profit du dénonciateur.

Le dénonciateur soldat aura son congé absolu s'il le désire.

Il est permis néanmoins au secrétaire de la guerre de retenir la paie des officiers, sous-officiers et soldats, pendant le temps qu'ils sont absens par congé.

132. Tout agent qui négligera ou refusera d'exécuter les ordres et réglemens donnés par Sa Majesté, par le secrétaire de la guerre, par le gouverneur de l'Irlande en Irlande, par le lord trésorier ou le commissaire de la trésorerie, sera mis pour la première offense à l'amende de 100 livres, et en cas de récidive à la somme de 200 livres, et destitué de son agence s'il est encore agent.

133. Toute personne qui, n'étant pas agent d'un corps, se sera entremise dans les affaires relatives à l'achat, vente ou échange des commissions dans le service de Sa Majesté; tout agent ou autre qui aura tiré profit de ces affaires ou qui aura reçu pour son compte ou le compte d'un autre une somme d'argent au-dessus du

tarif réglé par Sa Majesté, sera mis à l'amende de 100 livres et paiera en outre le triple des sommes reçues illégalement.

134. Tout payeur, agent, clerc, qui ne rendra pas bon et fidèle compte aux exécuteurs testamentaires et ayant-cause des officiers, sous-officiers et soldats, dont il a touché la paie, sera passible des peines encourues par les colonels ou agens qui ne rendent pas bon compte de la paie des officiers, sous-officiers et soldats, à eux-mêmes.

135. Les officiers et autres servant dans *the royal artillery*, dans les différens trains d'artillerie, dans le département du génie, dans le corps des ingénieurs-géographes, *of royal surveyors and draftmen*, dans le corps des sapeurs et mineurs, et tous les maîtres canonniers et canonniers subordonnés à l'Ordonnance, sont sujets au présent acte.

136. Les officiers, sous-officiers et soldats des troupes qui passent la revue et reçoivent la paie au service de Sa Majesté, à quelque titre

que ce soit, sont sujets à la loi martiale et soumis au présent acte.

137. Les autres sous-officiers et payeurs, employés au recrutement et recevant une paie pour le service, sont sujets à la loi martiale et soumis au présent acte.

138. Les nègres achetés par ou au compte de Sa Majesté et servant dans l'armée, sont libres de la même manière que s'ils étaient nés dans les pays soumis à la domination de Sa Majesté et considérés comme soldats enrôlés volontairement.

139. Les dispositions du réglement, relatives au service limité et aux pensions de retraite, ne sont pas applicables aux nègres dont parle l'article précédent.

140. Les dispositions du présent acte, relativement au logement des troupes, sont applicables aux officiers, sous-officiers et soldats prisonniers de guerre.

141. Le présent acte n'est applicable ni à la milice, ni aux corps de *yeomanry* ou de vo-

lontaires dans la Grande-Bretagne, l'Irlande, Jersey, Guernesey et les îles qui en dépendent, excepté les cas spéciaux déterminés par un acte du Parlement pour un corps de *yeomanry*, ou volontaires mis en service, et les recrues de la milice, ainsi qu'il sera dit ci-après.

142. Tout régiment ou corps de milice ou de fencibles, dès qu'ils sera enrégimenté et mis en service actif, sera passé en revue par des commissaires, et soumis aux dispositions du présent acte.

143. Le présent acte est étendu aux îles de Jersey, Guernesey, Alderney, Dark, Man et autres adjacentes, en ce qui concerne la juridiction des Cours martiales, et les clauses relatives aux déserteurs.

144. Toute personne qui prêtera un faux serment, dans le cas où le serment est exigé par le présent acte, sera réputée bassement et méchamment parjure, et, après conviction, punie comme telle.

145. En Angleterre et en Irlande, les per-

sonnes poursuivies en conséquence du présent acte, peuvent se présenter au jury, pour offrir les preuves matérielles de leur non-culpabilité. Si elles sont admises par un verdict, les plaignans ont droit au remboursement du triple de la valeur des pertes éprouvées vexatoirement dans la poursuite.

146. En Angleterre et en Écosse, toute réclamation contre une ou plusieurs personnes, pour actions résultantes du présent acte, ou contre un membre ou un ministre de Cour martiale, agissant en conséquence du présent acte, doit être portée devant la Cour de ressort de Westminster ou de Dublin.

147. Toute réclamation du genre de l'article précédent doit être portée devant la Cour de session, et, si le défendant est absous, il aura droit au remboursement du triple, etc.

148. Toute personne convaincue d'avoir caché sciemment un déserteur sera, sur conviction devant un juge de paix, mise à l'amende de 20 livres, moitié pour le dénonciateur, moitié

pour l'État, et, en cas de non paiement, six mois de prison.

Toute personne qui aura sciemment acheté, ou échangé, ou reçu d'un soldat déserteur ou autre, des armes, habits, effets d'équipement, ou du pain, de la viande, de la bière, de l'avoine, du foin, de la paille, ou d'autres fournitures appartenant au Roi et employées pour le bien-être du soldat, ou qui aura changé la couleur des vêtemens, sera, sur une conviction devant un juge de paix, mise à l'amende de 5 livres, moitié pour le dénonciateur, moitié pour l'État; et, en cas de non-paiement, trois mois de prison.

149. Les personnes qui engageront les soldats à déserter, seront, sur conviction, mises à l'amende de 100 liv. envers Sa Majesté. En cas de non-paiement, et si la Cour devant laquelle la conviction a lieu juge la peine insuffisante, elle prononcera un emprisonnement qui ne pourra pas excéder un an, et l'exposition au pilori pendant une heure sur une place de marché.

150. L'action contre les peines encourues en conséquence de l'article précédent sera poursuivie et recourable, pour l'Angleterre, devant la Cour de recours de Westminster, pour l'Écosse, devant la cour de l'Échiquier d'Écosse ; pour l'Irlande, devant la Cour de recours d'Irlande; pour les autres pays de la domination de Sa Majesté, devant les Cours royales de recours du lieu où l'offense a été commise.

151. L'action en poursuite, dans l'île de Man, pourra avoir lieu indifféremment devant les Cours de recours de cette île, ou devant une des Cours de recours de Sa Majesté à Westminster.

152. Aucune action ne pourra être poursuivie en raison du présent acte, si elle n'a été commencée dans le délai de six mois après que l'offense a été commise.

153. Les actions instruites, les procédures commencées, les jugemens rendus en conséquence du dernier *mutiny bill* et *articles of war*, doivent recevoir continuation et accom-

plissement, comme si tout avait été fait sous l'autorité du présent acte.

154. Nul ne sera jugé pour offense contre le *mutiny bill* et les articles *of war*, commise trois ans avant l'ordre de le mettre en jugement, à moins que le délinquant ne se soit soustrait à l'action de la justice.

155. La formule de conviction, en conséquence du présent acte, sera la suivante :

Comté de .... savoir faisons que le .... jour de l'année de notre Seigneur à ..... dans le comté susdit... A... s'est présenté devant moi, un des juges de paix de Sa Majesté dans ledit comté, et m'a informé sur serment que G..... H...... de .... le....... jour de .... a dans le ......

156. Le présent acte aura force dans la Grande-Bretagne, depuis le 24 mars 1817 jusqu'au 25 juin 1817; en Irlande, Jersey, Guernesey, etc., depuis le 30 mars 1817 jusqu'au 1er juillet 1817; Gibraltar, Espagne et Portugal, du 24 mai 1817 au 25 août; dans le reste

de l'Europe, aux Indes occidentales, dans l'Amérique septentrionale et au cap de Bonne-Espérance, du 24 juillet 1817 au 25 octobre 1817; et, partout ailleurs, du 24 novembre 1818 au 25 février 1819.

157. Le présent acte peut être changé et modifié par un ou plusieurs actes passés dans la présente session du Parlement.

AU NOM ET DE L'AUTORITÉ DE SA MAJESTÉ

RÉGLEMENS ET ARTICLES

POUR

LE MEILLEUR GOUVERNEMENT DES FORCES DE SA MAJESTÉ.

(DU 24 MARS 1817.)

SECTION PREMIÈRE.

Devoirs religieux.

1. Tous les officiers et soldats, à moins d'empêchement légitime, devront assister au service divin; ceux qui s'y comporteront indécemment ou irrévérencieusement, seront: les officiers conduits devant une Cour martiale, pour être réprimandés sévèrement et publiquement par le président; les sous-officiers

et soldats mis pour la première fois à l'amende de 12 pences, et, en cas de récidive, mis en outre aux fers pendant douze heures. L'amende est déduite de la paie, et appliquée aux malades de la compagnie.

2. Les juremens et blasphêmes seront punis comme il est dit article premier.

3. Tout officier, sous-officier et soldat qui se permettra de parler contre un article connu de la foi chrétienne, sera remis au magistrat civil, pour être procédé contre lui en conformité de la loi.

4. Tout officier, sous-officier et soldat qui profanera un lieu consacré au service divin, ou usera de violence envers un chapelain, sera puni ainsi que le décidera une Cour martiale générale.

5. Tout chapelain commissionné qui manquera à son service, sans congé ou cause de maladie, sera traduit à une Cour martiale.

6. Tout chapelain coupable de s'enivrer ou de mauvaise conduite contraire au caractère sacré

dont il est revêtu, sera, sur due preuve devant une Cour martiale, destitué.

SECTION II.

Murmures.

1. Tout officier, sous-officier et soldat qui usera de paroles traîtresses ou irrévérentes envers notre personne royale ou les princes de notre famille, sera, si c'est un officier, sur conviction devant une Cour martiale générale, cassé; si c'est un sous-officier ou soldat, condamné à telle punition que déterminera une Cour martiale générale ou régimentaire.

2. Tout officier, sous-officier ou soldat qui parlera avec haine et mépris contre le général ou commandant en chef de nos forces, sera traduit devant une Cour martiale générale.

3. Tout officier, sous-officier et soldat, fauteur, instigateur ou complice de mutinerie ou sédition, sera puni de mort ou de toute autre peine, par une Cour martiale générale.

4. Tout officier, sous-officier et soldat, qui, présent à une mutinerie, n'emploiera pas tous ses efforts pour la faire cesser, ou qui en étant instruit n'en informera pas l'officier commandant, sera puni de mort ou de toute autre peine, par une Cour martiale générale.

5. Tout officier, sous-officier ou soldat qui frappera son chef, tirera l'épée contre lui, ou le menacera dans l'exercice de ses fonctions, et qui refusera d'obéir à ses ordres légaux, sera puni de mort ou de toute autre peine par une Cour martiale générale.

SECTION III.

Enrôlement et sortie du service des soldats.

1. On lira à tous les soldats au moment de leur enrôlement, ou dans le délai de quatre jours, les IIe et VIe sections des présens articles relatives à la mutinerie.

Le nouvel enrôlé se présentera dans les quatre jours de l'enrolement, mais après vingt-quatre heures, accompagné d'un officier, sous-officier ou soldat du recrutement, devant le juge ou le magistrat, et là il prêtera le serment de fidélité.

Le juge ou magistrat délivrera au recruteur un certificat comme quoi le serment a été prêté, et les deux sections seront lues à l'enrôlé.

2. Les sous-officiers et soldats duement enrôlés, ne peuvent sortir du service (*discharged*) que suivant les réglemens en vigueur.

SECTION IV.

Revues et congés.

1. Nos régimens de garde du corps, gardes à cheval et gardes à pied, seront passés en revue au moins deux fois l'an.

Les revues des troupes à notre service, autres que celles mentionnées dans l'article précédent, seront passées en revue toutes les fois et de telles manières qu'il nous plaira de l'ordonner par nos réglemens relatifs à l'administration de nos forces.

2. Tout officier convaincu devant une Cour martiale générale d'avoir signé de faux certificats d'absence, sera cassé.

Tout officier convaincu devant une Cour martiale générale d'avoir signé de faux certificats, rapports, feuilles de décompte en blanc, pourra être cassé.

3. Tout officier qui fera sciemment de fausses revues d'hommes ou de chevaux; tout officier, commissaire, maître de revues, qui signera sciemment le relevé de fausses revues, sera, sur preuve administrée par deux témoins devant une Cour martiale générale, cassé et passible en outre des peines indiquées par le *mutiny bill*.

4. Tout commissaire, maître de revues, convaincu, devant une Cour martiale générale, d'avoir reçu de l'argent, en passant la revue d'un corps ou en arrêtant des contrôles, sera

destitué et passible en outre des peines indiquées dans le *mutiny bill*.

5. Tout officier supérieur ou autre commandant un régiment ou une compagnie détachée, et présent au corps, peut donner des congés aux sous-officiers et soldats, pourvu que la durée du congé n'excède pas vingt jours en six mois, et qu'il n'y ait jamais plus de deux hommes absens à la fois de la compagnie.

SECTION V.

Rapports.

1. Tout officier qui présentera un faux état de situation à nous, au commandant en chef de nos forces ou à son chef autorisé pour le recevoir, après conviction devant une Cour martiale générale, sera cassé.

2. Tout officier-commandant qui négligera ou omettra à dessein d'envoyer, le 25 de chaque mois, au commandant de nos forces et à notre secrétaire de la guerre, l'état de situa-

tion exact des troupes de son commandement, sera traduit devant une Cour martiale générale.

3. Les états de situation seront envoyés de la même manière pour les troupes stationnées en Écosse et en Irlande, aux commandans de nos forces dans ces deux royaumes.

4. Les états de situation de notre garnison de Gibraltar et des troupes stationnées dans nos possessions éloignées, seront envoyés par les occasions convenables.

SECTION VI.

Désertion.

1. La désertion sera punie de mort ou d'une autre peine infamante par une Cour martiale générale.

S'être enrôlé dans un autre régiment ne dispense pas de la peine.

2. Tout officier qui conservera sciemment

dans son régiment un déserteur d'un autre corps, sera cassé.

3. Les déserteurs enrôlés dans un autre régiment, et désertant une seconde fois, seront punis pour le premier délit, sauf à admettre en justice l'évidence de la seconde désertion comme aggravant la première.

4. Tout officier ou soldat s'absentant sans permission, sera à la discrétion d'une Cour martiale générale ou régimentaire.

5. Tout officier, sous-officier ou soldat instigateur de désertion, sera à la discrétion d'une Cour martiale générale.

SECTION VII.

Querelles et défis.

1. Aucun officier, sous-officier ou soldat ne doit en provoquer un autre de parole ou de geste, sous peine, si c'est un officier, d'être mis aux arrêts; si ce sont des sous-officiers ou

soldats, d'être emprisonnés et de demander pardon à l'offensé, en présence de l'officier-commandant.

2. Aucun officier, sous-officier ou soldat n'enverra un défi ou ne combattra en duel, sous peine, si c'est un officier, d'être cassé ; si ce sont des sous-officiers ou soldats, de souffrir le châtiment corporel ou l'emprisonnement, à la discrétion d'une Cour martiale.

3. Tout officier ou sous-officier qui souffrira sciemment qu'un duel ait lieu, et aussi les seconds, promoteurs et procureurs, seront punis comme auteurs du défi et principaux.

4. Tout officier, quel que soit son grade, a le droit d'arrêter toute querelle, rixe ou désordre à sa connaissance, même quand les hommes n'appartiennent pas à son corps. Il faut mettre les officiers aux arrêts, et les sous-officiers et soldats en prison, jusqu'à ce que leurs propres officiers aient pris connaissance de l'affaire. Quiconque refusera d'obéir à cet officier, fût-il inférieur en grade, ou tirera l'épée

contre lui, sera à la discrétion d'une Cour martiale générale.

5. Tout officier, sous-officier ou soldat qui fera des reproches à un autre pour avoir refusé un défi, sera punissable comme défieur.

Nous acquittons et déchargeons tout officier et soldat de la déconsidération ou du blâme qui pourrait tomber sur lui pour avoir refusé d'accepter un défi, vu qu'il n'a fait qu'obéir à nos ordres, et remplir son devoir en bon soldat soumis à la discipline.

SECTION VIII.

Vivandiers.

1. Il est défendu aux vivandiers de vendre à boire ou à manger, ou de tenir leurs boutiques ouvertes pour l'usage des soldats, après neuf heures du soir, avant la batterie du réveil, ou les dimanches, pendant le service divin, sous peine d'être privés de patente.

2. Tout officier, sous-officier, soldat et vivandier aura pleine liberté de faire entrer dans nos forts et garnisons toute denrée à boire ou à manger, excepté là où un marché a été fait pour la fourniture exclusive de cette denrée, et, dans ce cas, pour cette denrée seulement.

3. Les gouverneurs et commandans des forts, garnisons et casernes, veilleront à ce que les vivandiers fournissent les soldats de denrées en bonne qualité et au prix du marché.

4. Les gouverneurs et commandans des forts, garnisons et casernes, ne pourront exiger un prix exorbitant des maisons ou écuries abandonnées aux vivandiers, ni mettre d'impôt sur leurs marchandises, ni s'intéresser dans leur commerce, sous peine d'être, sur conviction devant une Cour martiale générale, cassés, et pire, s'il y a lieu.

5. Les gouverneurs, etc., qui seraient de connivence avec des officiers ou d'autres gouverneurs pour faire vendre aux soldats les denrées, liqueurs et marchandises nécessaires à

la vie, à un prix exorbitant, seront cassés, et pire, s'il y a lieu.

SECTION IX.

Quartiers.

1. Un officier ou sous-officier ne demandera pas de logement pour plus que son effectif.

Ne logeront femmes, enfans, ni domestiques mâles ou femelles, dans les maisons assignées pour le logement des officiers ou soldats, sans le consentement du propriétaire,

Ne prendront pas d'argent pour libérer du logement les propriétaires, sous peine : l'officier, d'être cassé; le sous-officier, d'être dégradé, et de souffrir telle punition corporelle ou emprisonnement, qui sera décidé par sentence de Cour martiale générale ou régimentaire.

2. Tout officier-commandant aura soin que les quartiers de son régiment soient nettoyés tous les quatre jours, ou avant que sa troupe ne

les quitte, si elle reste moins, sous peine d'être à la discrétion d'une Cour martiale générale.

3. Le commandant d'une troupe arrivant dans une ville, bourg ou village, fera proclamer que les dettes faites par les sous-officiers, soldats, au-dessus de ce qui leur revient pour leur subsistance journalière, ne seront pas payées. Le commandant qui négligerait de faire cette publication, sera suspendu pendant trois mois, et sa paie, pendant ce temps, sera employée à payer les dettes contractées par les sous-officiers et soldats.

4. Si, malgré la publication, les habitans prêtent aux sous-officiers et soldats, ce sera à leurs risques et périls.

5. Le devoir des officiers-commandans en quartier ou en marche, est de maintenir le bon ordre, de redresser les abus, et de réprimer les désordres commis par leurs subordonnés.

Si, sur la plainte contre des officiers, sous-officiers et soldats battant ou maltraitant leurs hôtes, en extorquant d'eux plus qu'ils ne doivent donner par la loi, ou troublant les festins et marchés, ou querellant et inquiétant tout le peuple, l'officier-commandant refuse ou omet de rendre justice, et de dédommager les parties lésées jusqu'à concurrence de la moitié de la solde de l'offenseur, l'officier-commandant est susceptible, sur conviction acquise devant une Cour martiale générale, d'être réputé coupable au même degré que s'il avait commis le crime ou le désordre, et sera punissable à la discrétion de la Cour martiale.

SECTION X.

Charrois.

1. L'officier-commandant s'adressera au magistrat pour les voitures; il aura soin de ne battre ni maltraiter, et de ne pas souffrir qu'on batte ou maltraite les conducteurs, ni qu'on charge les voitures au-dessus de la fixation, ni qu'on y fasse monter des femmes ou des

soldats, excepté les malades. Tout officier qui manquera à ce devoir, ou qui, en cas que l'argent manque, refusera de donner le certificat des sommes dues pour le louage des voitures, sera cassé ou pire, par une Cour martiale générale.

SECTION XI.

Des crimes punissables par la loi.

1. Quand un officier, sous-officier ou soldat est accusé d'un crime capital ou de violence contre les personnes ou les possessions de nos sujets, punissables par la loi commune du pays, les officiers doivent, à la première plainte, faire remettre le coupable au magistrat civil. En cas de négligence ou refus de le faire, cassé par Cour martiale.

Un officier ne doit pas protéger un débiteur contre ses créanciers, sous le prétexte qu'il est soldat; s'il le fait, cassé.

SECTION XII.

Du redressement des torts (*wrong*).

Si un officier a à se plaindre de son colonel ou commandant, et n'obtient pas justice, il s'en plaindra au général commandant en chef, qui sera tenu d'examiner la plainte, et de nous en faire rapport, par lui ou notre secrétaire de la guerre, afin de recevoir nos ordres ultérieurs.

FIN DU TOME PREMIER.

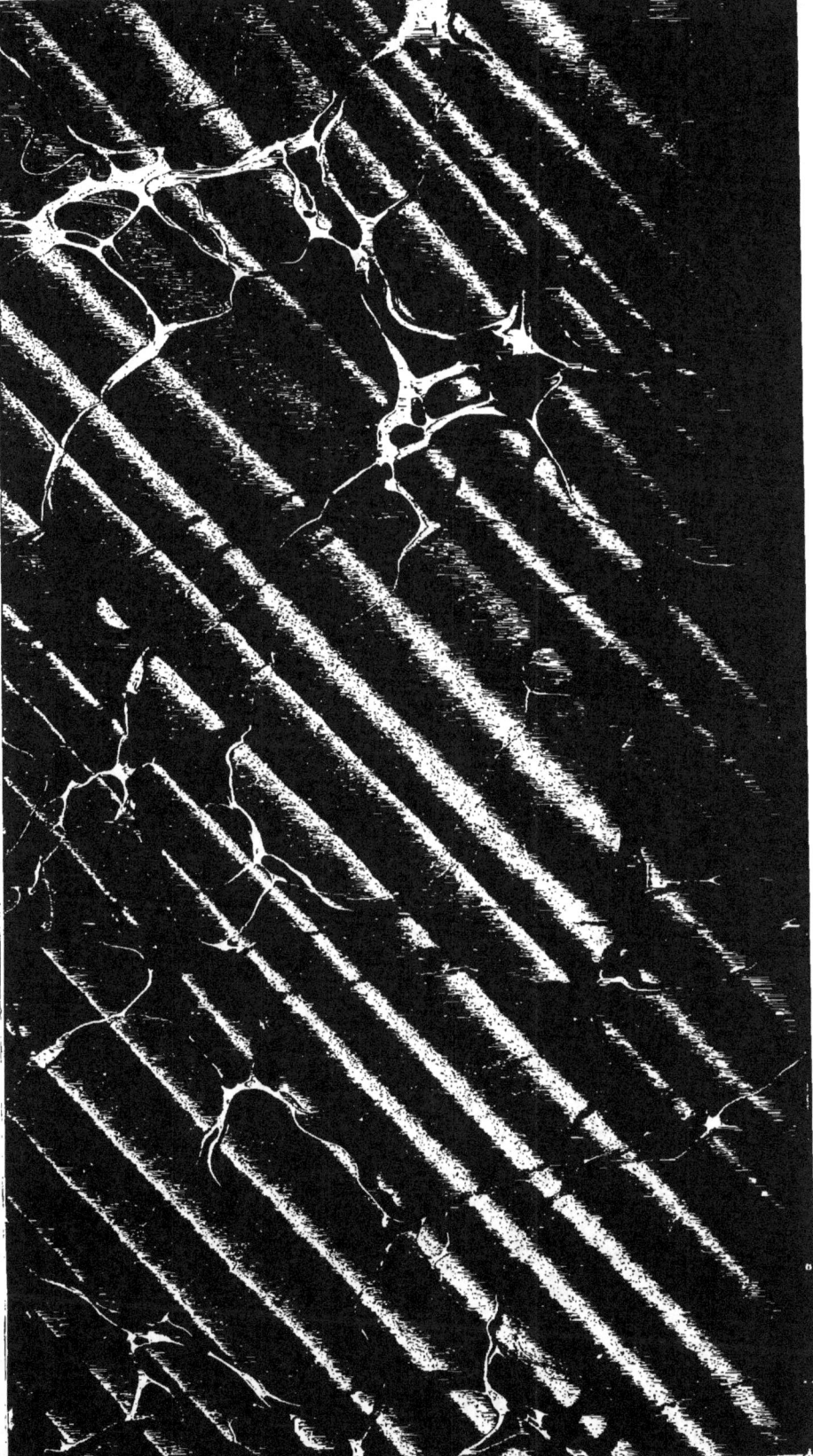

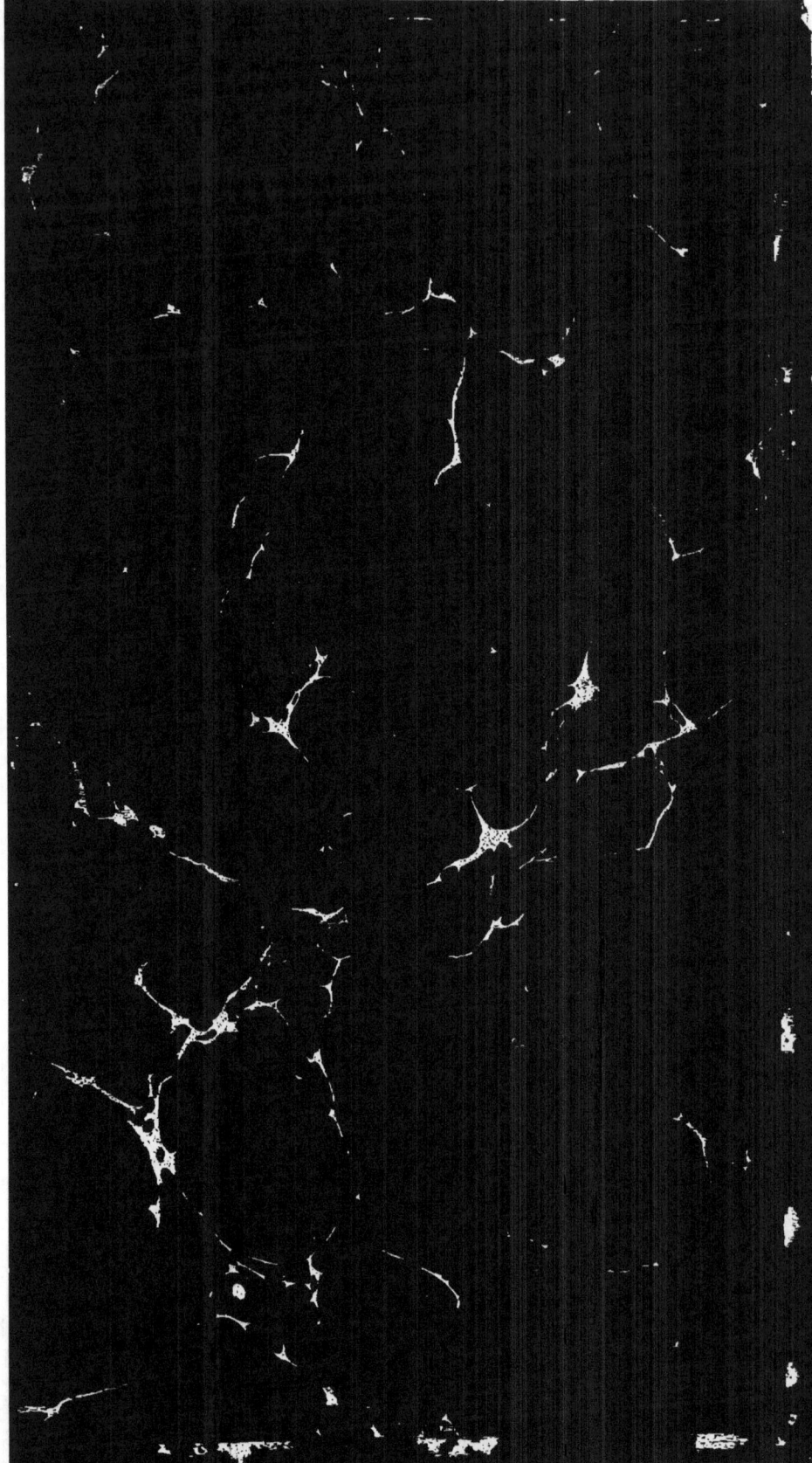

www.ingramcontent.com/pod-product-compliance
Lightning Source LLC
Chambersburg PA
CBHW060623250426
43670CB00056B/1473